山西全方位推动高质量发展面对面
通俗理论读物系列丛书

提质进位
再谱新篇

中共山西省委宣传部 编

山西出版传媒集团　山西人民出版社

图书在版编目（CIP）数据

提质进位 再谱新篇 / 中共山西省委宣传部编.
—太原：山西人民出版社，2022.8
（山西全方位推动高质量发展面对面通俗理论读物系列丛书）
ISBN 978-7-203-12337-8

Ⅰ.①提… Ⅱ.①中… Ⅲ.①区域经济发展—研究—山西 Ⅳ.①F127.25

中国版本图书馆CIP数据核字（2022）第122004号

提质进位 再谱新篇

编　　者：中共山西省委宣传部
责任编辑：高　雷
复　　审：吕绘元
终　　审：武　静
装帧设计：张镤尹

出 版 者：山西出版传媒集团·山西人民出版社
地　　址：太原市建设南路21号
邮　　编：030012
发行营销：0351—4922220　4955996　4956039　4922127（传真）
天猫官网：https://sxrmcbs.tmall.com　电话：0351—4922159
E－mail：sxskcb@163.com　发行部
　　　　　sxskcb@126.com　总编室
网　　址：www.sxskcb.com

经 销 者：山西出版传媒集团·山西人民出版社
承 印 厂：山西出版传媒集团·山西人民印刷有限责任公司

开　　本：720mm×1020mm　1/16
印　　张：13.75
字　　数：170千字
版　　次：2022年8月　第1版
印　　次：2022年8月　第1次印刷
书　　号：ISBN 978-7-203-12337-8
定　　价：62.00元

如有印装质量问题请与本社联系调换

山西全方位推动高质量发展面对面
通俗理论读物系列丛书
编委会

主　　　任　吴　伟

常务副主任　宋　伟

副　主　任　张　羽　　夏　祯　　骞　进

　　　　　　万　勇　　郭晓东　　张三忠

委　　　员　郭玉福　　贾新田　　刘晓哲

　　　　　　赵新中

序 言

今年春节前夕，习近平总书记五年来第三次亲临山西考察指导，带来了党中央对老区人民的深切关怀，体现了党中央对山西工作的坚定支持。特别是习近平总书记勉励我们"在高质量发展上不断取得新突破"，"续写山西践行新时代中国特色社会主义新篇章"，更加坚定了我们全方位推动高质量发展的信心和决心。

去年召开的中国共产党山西省第十二次代表大会，是在我们实现全面建成小康社会第一个百年奋斗目标，向着全面建成社会主义现代化强国第二个百年奋斗目标迈进的关键时刻，召开的一次十分重要的会议。大会最重要的成果，就是学习贯彻习近平总书记关于"三新一高"的重要论述，鲜明提出了"全方位推动高质量发展"的目标要求，实现了省委工作思路的继承发展和创新提升。

省第十二次党代会以来，全省上下坚持以习近平新时代中国特色社会主义思想为指导，按照全方位推动高质量发展的目标要求，加快构筑"六个领域""三个体系"全面贯通、深度协同的工作矩阵，解放思想、实事求是、真抓实干、久久为功，开创了山西工作新的局面。我们统筹抓好经济社会发展和疫情防控，落实"六稳""六保"

政策，狠抓"三个一批"活动，2021年GDP总量跨过2万亿大关，增速排全国第三，2022年上半年增速上升为全国第二。2022年上半年，原煤产量达到6.4亿吨，占全国的29.2%，排在全国第一位，在能源保供中彰显了山西担当。我们协同推进产业转型"两个方面"，煤炭、电力、钢铁、焦化、建材等传统优势产业加快改造提升，高端装备制造、新材料、大数据、节能环保等战略性新兴产业不断发展壮大。我们积极构建"一群两区三圈"城乡区域发展新布局，太忻一体化经济区建设强势起步，与转型综改示范区形成"双引擎"。我们坚定不移深化改革开放创新，"承诺制+标准地+全代办"等改革扎实推进，营商环境不断优化，10个项目荣获国家科学技术奖，内陆地区对外开放新高地加快构筑。我们充分挖掘历史文化资源，推动中华优秀传统文化创造性转化、创新性发展，以更高站位和更大力度加强文物保护，文化强省建设步伐不断加快。我们全力保障和改善民生，有效应对汾河流域最强秋汛，扎实做好巩固拓展脱贫攻坚成果同乡村振兴有效衔接各项工作，突出抓好农民工务工就业等重点民生工作，进一步增强了全省人民的获得感幸福感安全感。我们坚持山水林田湖草沙系统治理，PM2.5浓度持续下降，汾河流域国考断面提升至Ⅳ类以上，美丽山西正在全新呈现。我们坚持严的主基调不动摇，坚定扛起管党治党主体责任，巩固拓展党史学习教育成果，开展抓党建促基层治理能力提升专项行动，一体推进"三不腐"同时发力、同向发力、综合发力，全面建设清廉山西，推动政治生态迈向持久的风清气正。

今天的三晋大地,全方位推动高质量发展已经蔚然成势,成为山西最鲜明的主题、最激扬的旋律。实践充分证明,省委关于全方位推动高质量发展的决策部署是完全正确的、是富有成效的。

为了全面展示我省全方位推动高质量发展取得的明显成效,深入阐释党中央及省委的决策部署,更好激励全省上下奋进新征程、建功新时代,根据省委安排,省委宣传部牵头编撰了《山西全方位推动高质量发展面对面》通俗理论读物系列丛书。这套丛书包括《提质进位 再谱新篇》《产业升级 转型发展》《区域新局 改革新举》《双碳引领 绿色发展》《民生所系 实事实办》和《地市竞秀 百舸争流》等6册,涵盖了全省经济、政治、文化、社会、生态、党建等各个领域各个方面,既反映中央大政方针,又解读省委重大部署,还关注基层生动实践;既深刻阐释新出台的政策制度,又深度挖掘各地涌现出的典型案例,还深入回答群众关心关注的热点问题。丛书图文并茂、深入浅出、通俗易懂,具有很强的理论性、知识性、政策性和实践性,是我省基层干部学习掌握最新政策的工具书,是专家学者研究阐释山西实践的资料库,是广大群众关注感受发展成就的展示窗,是对外讲深讲实山西故事的金名片,也是纪录省委团结带领山西人民全方位推动高质量发展的档案簿。要运用好这套丛书,进一步激励全省党员干部群众踔厉奋发、笃行不怠,不断绘就全方位推动高质量发展的新画卷。

当前，全方位推动高质量发展风帆正劲。全省上下要深入学习贯彻习近平总书记考察调研山西重要指示精神，深刻认识"两个确立"的决定性意义，增强"四个意识"、坚定"四个自信"、做到"两个维护"，以"时时放心不下"的责任感，统筹抓好防疫情、稳经济、保安全三大任务，不断开创全方位推动高质量发展新局面，以实际行动迎接党的二十大胜利召开，续写山西践行新时代中国特色社会主义新篇章！

是为序。

中共山西省委书记

2022年7月

CONTENTS 目录

第一章　运筹帷幄谋全局
——在全方位推动高质量发展上不断取得新突破……001
一、再赶考：踏上全面建设社会主义现代化之路 …………… 004
二、新担当：答好山西新的"时代之问" ……………………… 016
三、勇作为：绘就全方位推动高质量发展新篇章 …………… 029

第二章　突围突破强动能
——持续推动产业结构优化升级……………………043
一、习近平经济思想引领经济发展破浪前行 ………………… 045
二、全方位推动高质量发展的首要任务是经济高质量发展 … 054
三、夯实高质量发展的物质基础 ……………………………… 061

第三章　民主法治聚合力
——推进治理体系和治理能力现代化……………071
一、习近平法治思想开辟中国之治新境界 …………………… 073

二、山西民主法治建设步履铿锵 …………………………… 084

三、凝聚推动高质量发展的共识和力量 …………………… 090

第四章　三晋文脉绽芳华
——以文化强省建设不断增强人民群众精神力量………095

一、文化自信是更基础更广泛更深厚的自信 ……………… 097

二、山西得天独厚的历史文化资源是我们的自信之源 …… 107

三、用璀璨文化之光照亮高质量发展之路 ………………… 113

第五章　一枝一叶总关情
——带领人民群众创造高品质生活………………………121

一、民生是最大的政治 ……………………………………… 123

二、不断提升山西人民的获得感、幸福感、安全感 ……… 133

三、山西增进民生福祉迈出新步伐 ………………………… 140

第六章　表里山河美如画
——唱响新时代山西好风光……151
一、习近平生态文明思想指引绿色发展……153
二、用绿色扮靓三晋大地……163
三、厚植高质量发展生态底色……166

第七章　风清气正树清廉
——推进全面从严治党向纵深发展……175
一、以伟大自我革命引领伟大社会革命……177
二、锚定全面建设清廉山西的重大目标……185
三、以党的建设引领高质量发展行稳致远……197

后　记……205

第一章

运筹帷幄谋全局

——在全方位推动高质量发展上不断取得新突破

提质进位　再谱新篇

成就彪炳史册，经验映照未来。2021年11月8日至11日，党的十九届六中全会在北京胜利召开。京西宾馆悬挂的巨幅标语格外醒目："开启全面建设社会主义现代化国家新征程。"这次会议通过的《中共中央关于党的百年奋斗重大成就和历史经验的决议》，融汇了中国共产党践行初心使命、铸就世纪伟业的壮阔史诗，揭示了百年辉煌的深远影响和创造奇迹的核心密码。

2022年春节前夕，习近平总书记五年来第三次到山西考察调研，亲切看望基层干部群众，进一步勉励山西在高质量发展上不断取得新突破。

新的赶考之路上，山西深入贯彻党的十九届六中全会精神和习近平总书记考察调研山西重要指示精神，把握新发展阶段、完整准确全面贯彻新发展理念、抢抓构建新发展格局战略机遇，按照省第十二次党代会提出的"全方位推动高质量发展"目标要求，以"全方位推动"为横向维度，以"高质量发展"为纵向标尺，形成经济、政治、文化、社会、生态文明建设和党的建设"六个领域""三个体系"全面贯通、深度协同的工作矩阵。

第一章 运筹帷幄谋全局

新时代孕育新希望,新答卷呼唤新担当,新赶考不断新突破。全省上下踔厉奋发、笃行不息,高效统筹疫情防控和经济社会发展,狠抓防疫情、稳经济、保安全三大任务,推动经济发展跑出"山西速度",能源保障贡献"山西力量",灾后重建彰显"山西温度",产业转型体现"山西特色",区域发展明确"山西方案",积极构建"一群两区三圈"城乡区域发展新布局,立足融入京津冀的目标定位,推动太忻一体化经济区强势起步。

今日山西,每个人都以"晋"自豪、以"晋"自勉。2022年是党的二十大召开之年,是全方位推动高质量发展的关键一年。全省上下要深刻领悟"两个确立"的决定性意义,增强"四个意识"、坚定"四个自信"、做到"两个维护",坚决贯彻党中央关于"疫情要防住、经济要稳住、发展要安全"的重要要求,以时不我待的紧迫感和时时放心不下的责任感,不断开创全方位推动高质量发展新局面,续写山西践行新时代中国特色社会主义新篇章。

一、再赶考：踏上全面建设社会主义现代化之路

中国共产党成立100年来，团结带领中国人民所进行的一切奋斗，就是为了把我国建设成为现代化强国，实现中华民族伟大复兴。全面建成小康社会，实现第一个百年奋斗目标，在中国共产党奋斗史、新中国发展史、中华民族文明史上都具有里程碑意义。

站在"两个一百年"奋斗目标的历史交汇点上，全面建设社会主义现代化之路应当怎么走？党的十九届五中全会站在党和国家事业发展全局高度，审议通过了《中共中央关于制定国民经济和社会发展第十四个五年规划和二〇三五年远景目标的建议》，描绘了我国进入新发展阶段的发展蓝图，提出"新时代新阶段的发展必须贯彻新发展理念，必须是高质量发展"，"构建新发展格局，是与时俱进提升我国经济发展水平的战略抉择，也是塑造我国国际经济合作和竞争新优势的战略抉择"等一系列战略谋划，确保全面建设社会主义现代化国家开好局。进入新发展阶段、贯彻新发展理念、构建新发展格局，是贯穿"十四五"时期乃至全面建设社会主义现代化国家全过程的战略导向，是习近平新时代中

· 延伸阅读 ·

中国式现代化

实现现代化,作为人类文明发展与进步的显著标志,是世界近代以来各国孜孜以求的共同目标。回顾中国迈向现代化的历史进程,中国共产党团结带领人民坚持把马克思主义基本原理同中国具体实际相结合,创造性地走出了一条中国式现代化之路。

在党的十九届五中全会上,习近平总书记指出,我国现代化是人口规模巨大、全体人民共同富裕、物质文明和精神文明相协调、人与自然和谐共生、走和平发展道路的现代化。中国式现代化之路之所以走得通、走得对、走得稳,是因为它既遵循现代化的普遍规律,又立足国情进行独立自主的探索,具有鲜明的中国特色。中国式现代化的成功实践昭示世人,通向现代化的道路不止一条,只要找准正确方向,驰而不息,条条大路通罗马。

国特色社会主义思想的重要组成部分。

2021年,我国国内生产总值突破114万亿元,人均国内生产总值超1.2万美元,已连续多年成为世界第二大经济体、制造业第一大国、货物贸易第一大国、外汇储备第一大国,经济实力、科技实力、综合国力跃上新台阶,全面建设社会主义现代化国家开局良好、势头正劲。2022年是党的二十大召开之年,中国共产党以深沉的使命责任意识和强烈的历史担当精神,带领中国人民开启全面建设社会主义现代化国家新征程,为实现中华民族伟大复兴不懈奋斗。

进入新发展阶段明确了我国发展的历史方位

辩方位而正则。擘画发展宏伟蓝图，必须正确认识当下的历史方位；推动经济社会发展，必须正确认识所处的发展阶段。党的十九届五中全会提出，全面建成小康社会、实现第一个百年奋斗目标之后，我们要乘势而上开启全面建设社会主义现代化国家新征程、向第二个百年奋斗目标进军，这标志着我国进入了一个新发展阶段。这在我国发展进程中具有里程碑意义。党的这一重大战略判断，为准确把握我国发展新的历史方位和实践要求提供了时代坐标。

我国进入了新发展阶段的重大判断，不是凭空臆断的，也不是生编硬造的，是遵循基本规律、顺应时代发展、符合发展实际的审慎战略考量，有着深刻的理论依据、历史依据和现实依据。

从理论依据来看。马克思恩格斯认为，共产主义分为两个阶段，第一阶段和高级阶段。列宁在此基础上作了新的阐发，把第一阶段称为社会主义。我们党在推进马克思主义中国化的过程中逐步认识到，在中国这样一个经济文化比较落后的国家发展社会主义，是一个长期的历史过程，并且需要经历不同发展阶段。据此，我们党提出了社会主义初级阶段理论，认为我国正处于并将长期处于社会主义初级阶段。现在，我们党提出的新发展阶段，就是社会主义初级阶段中的一个阶段，同时是其中经过几十年积累、站到了新的起点上的一个阶段。

从历史依据来看。实现民族复兴是100多年来中华儿女不懈追求的伟大梦想，是近代以来中国历史发展的主题。一部中国共产党的历史，就是为人民谋幸福、为民族谋复兴的历史。我们党团结带领人民顽强斗争、艰辛探索、闯关夺隘、攻坚克难，实现了从新民主主义革命、社会主义革命，到社会主义建设，再到改革开放新的伟大革命的历史性跨越。特别是党的十八大以来取得的历史性成就和发生的历史性变革，开创了党和国家事业发展新局面。今天，民族复兴迎来了更加光明的前景，新发展阶段是我们党带领人民迎来从站起来、富起来到强起来历史性跨越的新阶段。

从现实依据来看。经过新中国成立以来特别是改革开放以来的长期努力，我国经济实力、科技实力、综合国力跃上新的大台阶，国际地位实现前所未有的提升，党、国家、人民、军队、中华民族的面貌发生了前所未有的变化。目前，我国经济发展势头依然强劲，成为世界经济复苏的"稳定之锚"和"动力之源"。我们已经拥有开启新征程、实现新的更高目标的雄厚物质基础,新发展阶段是一个更高水平、更高层次、更高质量的发展阶段。

习近平总书记强调,我们已经明确了未来发展的路线图和时间表,即"到2035年,用3个五年规划期,基本实现社会主义现代化。然后,再用3个五年规划期,到本世纪中叶,把我国建成富强民主文明和谐美丽的社会主义现代化强国"。进入新发展阶段,我们的目标任

· 知识链接 ·

2035年基本实现社会主义现代化远景目标

◎ 经济实力、科技实力、综合国力将大幅跃升,经济总量和城乡居民人均收入将再迈上新的大台阶,关键核心技术实现重大突破,进入创新型国家前列。
◎ 基本实现新型工业化、信息化、城镇化、农业现代化,建成现代化经济体系。
◎ 基本实现国家治理体系和治理能力现代化,人民平等参与、平等发展权利得到充分保障,基本建成法治国家、法治政府、法治社会。
◎ 建成文化强国、教育强国、人才强国、体育强国、健康中国,国民素质和社会文明程度达到新高度,国家文化软实力显著增强。
◎ 广泛形成绿色生产生活方式,碳排放达峰后稳中有降,生态环境根本好转,美丽中国建设目标基本实现。
◎ 形成对外开放新格局,参与国际经济合作和竞争新优势明显增强。
◎ 人均国内生产总值达到中等发达国家水平,中等收入群体显著扩大,基本公共服务实现均等化,城乡区域发展差距和居民生活水平差距显著缩小。
◎ 平安中国建设达到更高水平,基本实现国防和军队现代化。
◎ 人民生活更加美好,人的全面发展、全体人民共同富裕取得更为明显的实质性进展。

务，就是在未来30年完成建设社会主义现代化国家这个历史宏愿。

新发展阶段是我国社会主义发展进程中的一个重要阶段，不仅在我国现代化进程中具有重大意义，在我国社会主义初级阶段整个历史进程中也具有不同寻常的意义。习近平总书记深刻指出，社会主义初级阶段不是一个静态、一成不变、停滞不前的阶段，也不是一个自发、被动、不用费多大气力自然而然就可以跨过的阶段，而是一个动态、积极有为、始终洋溢着蓬勃生机活力的过程，是一个阶梯式递进、不断发展进步、日益接近质的飞跃的量的积累和发展变化的过程。全面建设社会主义现代化国家，既是社会主义初级阶段我国发展的要求，也是我国社会主义从初级阶段向更高阶段迈进的要求，体现了共产党执政规律、社会主义建设规律、人类社会发展规律。

贯彻新发展理念明确了我国现代化建设的指导原则

循道而行，功成事遂。理念是行动的先导，一定的发展实践都是由一定的发展理念来引领的。习近平总书记反复强调，新时代新阶段的发展必须贯彻新发展理

提质进位　再谱新篇

·知识链接·

五个必由之路

◎坚持党的全面领导是坚持和发展中国特色社会主义的必由之路；

◎中国特色社会主义是实现中华民族伟大复兴的必由之路；

◎团结奋斗是中国人民创造历史伟业的必由之路；

◎贯彻新发展理念是新时代我国发展壮大的必由之路；

◎全面从严治党是党永葆生机活力、走好新的赶考之路的必由之路。

念，必须是高质量发展，必须坚定不移贯彻创新、协调、绿色、开放、共享的发展理念。在2022年全国"两会"上，习近平总书记鲜明提出"五个必由之路"的重大论断，明确指出"贯彻新发展理念是新时代我国发展壮大的必由之路"，为新征程上推动经济社会发展提供了重要遵循。

从根本宗旨把握新发展理念。为谁发展、依靠谁发展、发展成果由谁共享，是社会主义现代化和资本主义现代化的分水岭。人民是我们党执政的最深厚基础和最大底气。为人民谋幸福、为民族谋复兴，这既是我们党领导现代化建设的出发点和落脚点，也是新发展理念的根和魂。只有坚持以人民为中心的发展思想，坚持发展为了人民、发展依靠人民、发展成果由人民共享，才会有正确的发展观、现代化观。在新起点上接续奋斗，推动全体人民共同富裕取得更为明显的实质性进展。要统筹考虑需要和可能，按照经济社会发展规律循序渐进，自觉主动解决地区差距、城乡差距、收入差距等问题，不断增强人民群众获得感、幸

福感、安全感。

从问题导向把握新发展理念。当前,我国经济发展总体趋势向好,但也面临着复杂的"问题岛链"。比如,科技自立自强成为决定我国生存和发展的基础能力,存在诸多"卡脖子"问题;比如,我国城乡区域发展差距较大,而究竟怎样解决这个问题,有很多新的问题需要深入研究;比如,我国能源体系高度依赖煤炭等化石能源,生产和生活体系向绿色低碳转型的压力都很大,实现2030年前碳排放达峰、2060年前碳中和的目标任务极其艰巨;比如,外部环境越来越复杂多变,必须处理好自立自强和开放合作的关系,处理好积极参与国际分工和保障国家安全的关系,处理好利用外资和安全审查的关系,在确保安全前提下扩大开放。针对这些突出问题,习近平总书记明确要求,对新发展理念的理解要不断深化,举措要更加精准务实,真正实现高质量发展。

从忧患意识把握新发展理念。居安思危、守住底线,是始终掌握发展主动权的科学方法。我国发展仍处于并将长期处于重要战略机遇期,形势总体上是好的。但随着我国社会主要矛盾变化和国际力量对比深刻调整,尤其是新冠肺炎疫情带来的深远影响,我们前进道路上面临的困难和风险也不少。这些困难和风险既有国内的也有国际的,既有政治、经济、文化、社会等领域的也有来自自然界的,既有传统的也有非传统的,"黑天鹅""灰犀牛"还会不期而至。新发展理念正是从随时准备应对更加复杂困难局面的前提出发,坚持政治安全、人民安全、国家利益至上有机统一,不断增强忧患意识、坚持底线思维,全面做强自己,使党和国家事业在各种斗争中始终立于不败之地。

构建新发展格局明确了我国经济现代化的路径选择

明者因时而变,知者随事而制。近年来,面对我国发展外部环境和内在条件的深刻变化，特别是国际经济循环格局的深度调整和新冠肺炎疫情的深远影响，习近平总书记对涉及国家中长期经济社会发展的重大问题进行了深入思考，创造性提出"构建以国内大循环为主体、国内国际双循环相互促进的新发展格局"。构建新发展格局，是与时俱进提升我国经济发展水平的战略抉择，也是塑造我国国际经济合作和竞争新优势的战略抉择。必须认识到，构建新发展格局是把握发展主动权的先手棋，不是被迫之举和权宜之计；构建新发展格局是开放的国内国际双循环，不是封闭的国内单循环；构建新发展格局是以全国统一大市场基础上的国内大循环为主体，不是各地都搞自我小循环。

关于关键任务。 构建新发展格局的关键在于经济循环的畅通无阻。正如同调理好统摄全身阴阳气血的任督二脉，经济活动需要实现循环流转。如果经济循环顺畅，物质产品会增加，社会财富会积聚，人民福祉会增进，国家实力会增强，从而形成一个螺旋式上升的发展过程。如果经济循环过程中出现堵点、断点，循环就会受阻，在宏观上就会表现为增长速度下降、失业增加、风险积累、国际收支失衡等情况，在微观上就会表现为产能过剩、企业效益下降、居民收入下降等问题。现阶段，畅通经济循环最主要的任务是供给侧有效畅通，有效供给能力强可以穿透循环堵点、消除瓶颈制约，可以创造就业和提供收入，从而形成需求能力。

关于最本质特征。构建新发展格局最本质的特征是实现高水平的自立自强。当前，我国经济发展环境出现了变化，特别是生产要素相对优势出现了变化。劳动力成本在逐步上升，资源环境承载能力达到了瓶颈，旧的生产函数组合方式已经难以持续，科学技术的重要性全面上升。在这种情况下，我们必须更强调自主创新。要全面加强对科技创新的部署，集合优势资源，有力有序推进创新攻关的"揭榜挂帅"体制机制，加强创新链和产业链对接，把创新发展主动权牢牢掌握在自己手中。

关于战略基点。构建新发展格局要坚持扩大内需这个战略基点。当今世界，最稀缺的资源是市场。市场资源是我国的巨大优势，必须充分利用和发挥这个优势，不断巩固和增强这个优势，形成构建新发展格局的雄厚支撑。扩大内需要根据我国经济发展实际情况，建立起扩大内需的有效制度，释放内需潜力，加快培育完整内需体系，加强需求侧管理，扩大居民消费，提升消费层次，使建设超大规模的国内市场成为一个可持续的历史过程。

关于内外关联。 构建新发展格局，实行高水平对外开放，必须具备强大的国内经济循环体系和稳固的基本盘，并以此形成对全球要素资源的强大吸引力、在激烈国际竞争中的强大竞争力、在全球资源配置中的强大推动力。我国经济已经深度融入世界经济，同全球很多国家的产业关联和相互依赖程度都比较高。要科学认识国内大循环和国内国际双循环的关系，建设更高水平开放型经济新体制，实施更大范围、更宽领域、更深层次的对外开放，塑造我国参与国际合作和竞争新优势，重视以国际循环提升国内大循环效率和水平，改善我国生产要素质量和配置水平，推动我国产业转型升级。

进入新发展阶段、贯彻新发展理念、构建新发展格局，三者紧密关联。进入新发展阶段明确了我国发展的历史方位，贯彻新发展理念明确了我国现代化建设的指导原则，构建新发展格局明确了我国经济现代化的路径选择。把握新发展阶段是贯彻新发展理念、构建新发展格局的现实依据，贯彻新发展理念为把握新发展阶段、构建新发展格局提供了行动指南，构建新发展格局则是应对新发展阶段机遇和挑战、贯彻新发展理念的战略选择。

新时代新阶段的发展必须贯彻新发展理念，必须是高质量发展。高质量发展，就是能够很好满足人民日益增长的美好生活需要的发展，创造高品质生活。这是山西谋划未来发展的大前提、大逻辑、大背景。

二、新担当：答好山西新的"时代之问"

党的十八大以来，山西经历了极不寻常的发展历程。从一度发生系统性塌方式腐败、经济遭遇断崖式下滑，到政治生态由"乱"转"治"、发展由"疲"转"兴"，到政治生态风清气正、转型发展态势良好，再到全方位推动高质量发展蔚然成势，山西各项事业稳步向上、持续向好。山西之所以能浴火重生、开创新局，根本在于习近平总书记的领航掌舵，根本在于习近平新时代中国特色社会主义思想的科学指引。习近平总书记和党中央及时挽救山西，始终指引山西，必将成就山西。

习近平总书记五年三次莅晋考察指导，充分体现了党的领袖对老区人民的深切关怀，充分体现了党中央对山西工作的高度关注。面临着发展不充分和发展不协调的双重压力，面临着供给侧改革和需求侧管理的双重难题，面临着外部竞争加剧和内生活力不足的双重挑战。山西如何率先蹚出转型新路？如何在中部地区争先崛起？如何有序促进共同富裕？如何到2035年基本实现现代化？面对全省3500万干部群众都在热切关注的"时代之问"，省委坚持一棒接着一棒跑、一任接着一任干，把握新发展阶段、完整准确全面贯彻新发展理念、抢抓构建新发展格局战略机遇，提出了"全方位推动高质量发展"的目标任务和工作矩阵。

2021年是党和国家历史上具有里程碑意义的一年，也是山西在习近平总书记指引下，全方位推动高质量发展强势启航的一年。面对复杂多变的外部环境和各种困难风险挑战，全省上下深入学习贯彻习近平总书记关于立足新发展阶段、贯彻新发展理念、构建新发展格局、推动高质量发展、创造高品质生活的重要论述，牢记领袖殷切嘱托，解放思想、实事求是、真抓实干、久久为功，开创了山西工作新的局面。实践充分证明，省委关于全方位推动高质量发展的决策部署是完全正确的，是富有成效的。

经济发展跑出"山西速度"

山西坚持稳中求进工作总基调，统筹抓好经济社会发展和疫情防控，落实"六稳""六保"政策，狠抓"三个一批"活动，在攻坚克难中提质进位。2021年

GDP总量跨过2万亿大关，进入全国前20位，实现历史性突破，增速排全国第三。2022年上半年增速上升为全国第二。

2021年，全省人均GDP迈上6万元新台阶，城乡居民人均可支配收入分别增长7.6%、10.3%。农业全产业链培育十大产业集群完成产值1600亿元，增幅80%。工业企业利润3055.8亿元，增长2.5倍，创历史新高。服务业增加值首次迈上1万亿元新台阶，比上年增长8.3%。全省进出口值首次突破2000亿元大关，同比增长48.3%，创历史新高。2022年上半年，全省第一产业增加值为412.77亿元，增长5.8%，夏粮喜获丰收，单产再创历史新高。第二产业增加值为6074.34亿元，增长6.9%，全省规模以上工业增加值增长11%，排全国第4位。第三产业增加值为5081.83亿元，增长3.7%，金融业、非营利性服务业、营利性服务业等行业带动作用明显。

从经济发展成绩单来看，农业稳步发展，非煤工业增速明显快于煤炭工业，服务业呈现强劲发展势头。多点合力，稳定了社会就业、增加了居民收入、提高了生活消费，增强了全省经济保持较快增速和高质量发展的潜力、实力和能力，共同托举起山西经济总量的突破。

第一章 运筹帷幄谋全局

能源保障贡献"山西力量"

能源大省的使命担当在煤电保供中充分彰显。2021年,全省全年煤炭产量11.93亿吨,增长10.5%。山西以一省之力,以长协价完成16省(区、市)4356万吨电煤保供任务,向11个省市外送电1235亿千瓦时,圆满完成国家下达的保供任务。全力稳定和扩大电力外送,重点对接京津冀地区,保障首都用电安全。2022年上半年,原煤产量达到6.4亿吨,占全国的29.2%,排在全国第一位,在能源保供中彰显了山西担当。

开展能源革命综合改革试点,保障国家能源安全,

满载电煤的2万吨重载列车运行在大秦线上。

是山西的重大使命，更是全省能源领域一场全方位、深层次、历史性的革命。山西深入贯彻落实习近平总书记"四个革命、一个合作"能源安全新战略，把碳达峰碳中和作为牵引举措，改革创新，先行先试，扎实开展能源革命综合改革试点，推动产业结构、能源结构持续优化，绿色低碳发展取得积极成效，在全方位推动高质量发展中书写能源高质量发展新篇章。

面对部分地区能源阶段性紧张的状况，山西坚决贯彻党中央、国务院决策部署，明确提出稳定保障能源生产、稳定保障电煤供应、稳定保障发电供电，不准拉闸限电、不准搞一刀切、不准随意提价的"三稳""三不准"能源保供要求，合理组织生产，增加资源供给，组织中长期合同对接签订、兑现，抓好运力调配衔接，全力以赴做好能源供应保障，扛起了使命担当，展现了奉献作为，为缓解全国能源阶段性紧张作出了山西贡献。

灾后重建彰显"山西温度"

众志成城的力量在2021年救灾重建中广泛汇聚。山西始终坚持人民至上、生命至上，科学有效应对50年不遇洪灾，紧急转移安置群众16.34万人，修缮重建因灾受损农房57974户，生产生活秩序恢复正常，党旗始终

第一章 运筹帷幄谋全局

飘扬在防汛救灾和灾后重建第一线。

2021年10月,山西省遭遇有气象记录以来最强秋汛,汾河流域发生50多年来最大洪灾,时间久、范围广、强度大。灾害无情人有情,重建家园分秒争。面对突如其来的汛情大考,山西省委抓好防汛救灾和灾后建设,团结带领全省干部群众全力守护人民群众生命财产

上图为临汾霍州市师庄乡冯南垣村村民师红兵一家受灾后倒塌的窑洞,下图为灾后重建的装配式住房。

安全，第一时间组织力量抢险救灾，及时组织群众撤离；全力保障受灾群众基本生活需要，确保受灾群众吃得饱、穿得暖、住得舒心；全力抓好受损房屋修缮重建工作，受灾群众全部入住安全住房；全力推动水毁基础设施修复建设；全力恢复正常生产生活秩序，打赢了防汛救灾和灾后建设这场硬仗，向党中央和全省人民交上了合格答卷。

习近平总书记一直牵挂着受灾群众，2022年春节前夕踏着皑皑白雪，来山西考察的第一站就进村入户看望慰问受灾群众，实地察看灾后恢复重建情况，对山西灾后重建工作给予充分肯定。

产业转型体现"山西特色"

山西坚持传统优势产业、战略性新兴产业、服务业、农业、三次产业齐头并进，产业含金量、含新量和含绿量不断提升。蹚出转型发展新路，就是要蹚出一条高质量之路。山西牢记领袖嘱托，踔厉奋发、笃行不怠，经济发展韧性愈发强劲，发展质量效益明显提升。

推动传统优势产业率先转型。煤炭先进产能占比突破75%，完成电力升级改造841万千瓦，非常规天然气产量达到95亿立方米，新能源和可再生能源装机容量达到3889万千瓦，占比达到34.3%，工业技改投资同比增长11.3%。

推动战略性新兴产业引领转型。2021年，国内首套快速掘进智能成套装备成功应用，大运氢燃料重卡实现量产下线，信创、大数据、半导体、新能源汽车等产业不断发展壮大，规上工业战略性新兴产业、高技术制造业增加值分别增长19.5%、34.2%。2022年上半年，工业战略性新兴产业增长20.6%，新能源汽车、光伏电池产量分别增长2.8倍、8.7%。

实施服务业提质增效十大行动。加强对生产性服务业、生活性服务业、非营利性服务业的精准指导，服务业增加值突破万亿元。举办旅发大会、康养大会，促进文旅康养融合发展，太原古县城等一批景区景点建成运营，重点监测景区门票收入增长44.7%。

推动农业"特""优"发展。克服干旱、极端秋汛等不利因素，粮食总产量达到142.1亿公斤，为历史第二高产年。高水平建设晋中国家农高区，农产品精深加工十大产业集群发展势头良好，农产品加工销售收入完成2620亿元，同比增长20%。

坚持以数字经济赋能产业转型升级。新建成5G基站2.1万个，建成智能化煤矿10座、智能化采掘工作面328处，认定省级智能制造试点示范企业54户、标杆项目9个，太原国家级互联网骨干直联点正式运行，国家超级计算太原中心建成运行，数字产业化和产业数字化为转型增添了强劲动力。

区域发展明确"山西方案"

在新时代推动中部地区高质量发展之际，山西积极全力落实党中央战略部署，抢抓机遇提升区域竞争力，加强统筹规划，加快要素和人口集聚，积极构建"一群两区三圈"的城乡区域发展新布局，太忻一体化经济区强势起步，与转型综改示范区形成"双引擎"。

"一群"：山西中部城市群。成立了山西中部城市群建设领导小组，出台了《关于推动山西中部城市群高质量发展的指导意见》，山西省人民代表大会常务委员会通过了《关于支持和保障山西中部城市群高质量发展的决定》，顶层设计指导中部城市群建设。统筹太原、晋中、忻州、吕梁、阳泉五市比较优势，谋划山西中部城市群高质量发展，以"高"为标、以"先"取胜，在当好先锋、奋力先行中引领山西发展，在力争先发、抢抓先机中服务国家大局。要建设太原国家区域中

第一章 运筹帷幄谋全局

山西"一群两区三圈"城乡区域发展新布局

提质进位 再谱新篇

心城市,带动山西中部其他四市协同发展。举全省之力支持太原打造创新高地、产业高地、人才高地、开放高地,率先形成以先进制造业为支撑、现代服务业为主体的现代产业体系,提升综合实力、传承历史文脉、厚植生态本底,再现"锦绣太原城"盛景。晋中要发挥山西大学城、国家农高区优势,强化科技和人才集聚,建设全方位推动高质量发展先行区。忻州要与太原和雄安新区相向发展,加快南融东进,提升基础设施和产城融合水平,建设开放发展前沿城市。阳泉要推进资源型城市绿色转型先行示范,建设融入京津冀协同发展的重要节点,打造城乡一体共同富裕的市域样板。吕梁要统筹山区平川均衡发展,打造离柳中方、交汾文孝城镇组群,成为山西中部城市群发展的重要战略支点。

"两区":太忻一体化经济区和山西转型综改示范区。强势打造太忻一体化经济区北引擎。引领带动忻州与太

山西嘉世达机器人技术有限公司等10家企业入选建议支持的国家级专精特新"小巨人"企业。

原、雄安新区相向发展,打造山西融入京津冀和服务雄安新区的重要走廊。山西成立了省太忻经济一体化发展促进中心及分支机构,出台《关于推进山西中部城市群太忻经济一体化发展的指导意见》,编制《山西中部城市群太忻一体化经济区空间发展战略规划》。2022年谋划建设重大工程项目485个,总投资达5337亿元,抢抓项目开工,首批集中开工的重大项目共183个,总投资1038亿元,全力跑出项目建设的"太忻速度"。持续强化山西转型综改示范区南引擎。依托山西新兴产业电价政策优势,以科技创新为引领,推进招商引资和项目建设,努力打造精密电子制造、合成生物等4个千亿级产业集群及智能制造,加快培育信创、碳化硅等一批百亿级新兴产业集群,加快构建以先进制造业为主导的现代产业体系。

"三圈":晋北、晋南、晋东南高质量城镇圈。晋北城镇圈包括大同和朔州。与山西中部及京津冀、呼包鄂榆城市群内外联动,深化蒙晋冀长城金三角区域合作。大同要提升城市综合承载力和辐射带动力,建设全国性交通枢纽和陆港型国家物流枢纽,打造蒙晋冀长城金三角中心城市和对接京津冀、融入环渤海门户城市。朔州要打造右玉精神实践高地、能源革命创新高地、农牧融合发展高地，在资源型经济转型中建设现代化的塞上绿都。晋南城镇圈包括临汾和运城。与山西中部及关中平原城市群内外联动，深化晋陕豫黄河金三角区域合作。临汾要建设黄河流域绿色崛起转型样板城市，打造晋陕豫黄河金三角区域中心城市。运城要建设黄河流域生态保护和高质量发展示范区，打造新兴产业、现代农业、知名旅游强市。晋东南城镇圈包括长治和晋城。与山西中部及中原城市群内外联动，申建国家级承接产业转移示范区。长治要建设全国资源型城市转型升级示范区，打造现代化太行山水名城。晋城要建设绿色转型示范城市、能源革命领跑城市、光机电产业集聚城市，打造通往中原城市群和对接长三角的桥头堡。

回望来时路，坚定前行路。这些成绩是在有效化解发展不平衡和不协调双重压力、有效破解供给侧改革和需求侧管理双重难题、有效应对外部竞争加剧和内生活力不足双重挑战下取得的，来之不易、难能可贵。这是以习近平同志为核心的党中央英明领导的结果，是习近平新时代中国特色社会主义思想科学指引的结果，是山西省委团结带领全省广大干部群众攻坚克难的结果。继往开来，山西将坚定不移走好新的赶考之路，不负习近平总书记殷殷嘱托，不负这片红色土地，不负三晋父老乡亲。

三、勇作为：绘就全方位推动高质量发展新篇章

2021年10月25日，三晋人民翘首关注的省第十二次党代会在太原隆重开幕。来自全省各地各条战线的700名党代表，带着全省党员的郑重嘱托，承载3500万人民的殷切期盼，从四面八方汇聚而来，肩负起谋划山西全方位推动高质量发展的历史重任，展示着三晋儿女最饱满的精神风貌和最高昂的奋进姿态。

这次盛会，一是形成了一个好报告。林武同志代表十一届省委向大会作的题为《牢记领袖嘱托，扛起时代使命，全方位推动高质量发展，奋力谱写全面建设社会主义现代化国家山西篇章》的报告，突出政治引领、突出宏观把握、突出久久为功、突出实事求是，是引领全省人民弘扬伟大建党精神，传承红色基因，赓续红色血脉，奋力谱写新时代新篇章的纲领性文件。二是选出了一届好班子。顺利实现了省委班子的新老交替，圆满完成了省委班子的换届任务。三是开出了一个好会风。大会认真贯彻中央关于严肃换届纪律的部署要求，确保了风清气正。

大会最重要的成果，就是学习贯彻习近平总书记关于"三新一高"的重要论述，鲜明提出了"全方位

推动高质量发展"的目标要求，实现了省委工作思路的继承发展和创新提升。

山西省第十二次党代会擘画了全面建设社会主义现代化国家山西篇章的蓝图，吹响了全方位推动高质量发展的奋进号角。

深刻认识全方位推动高质量发展的目标要求

牢记领袖嘱托，扛起时代使命。山西省第十二次党代会鲜明提出全方位推动高质量发展的目标要求，为山西"十四五"乃至更长时期全方位推动高质量发展明确了时间表、路线图、计划书。

全方位推动高质量发展，关键是"全方位推动"。 高质量发展不只是一个经济要求，而是对经济社会发展方方面面的总要求；不是个别的、局部的、暂时的，而是全面的、整体的、长期的。我们必须统筹兼顾，从经济、政治、文化、社会、生态文明建设和党的建设"六个领域"全方位来推动。每个领域既要推动自身的高质量发展，也要为全省高质量发展提供物质基础、法治保障、精神动力、和谐氛围、环境支撑和根本保证。

全方位推动彰显责任和担当、考验能力和作风。要坚持整体联动、稳中求进，树牢系统观念，把握"六

·特别关注·

山西省第十二次党代会的鲜明特点

一是把牢了最根本的主线。高举中国特色社会主义伟大旗帜，全面贯彻习近平新时代中国特色社会主义思想，深入贯彻习近平总书记视察山西重要讲话重要指示精神，体现了增强"四个意识"、坚定"四个自信"、做到"两个维护"的自觉担当。

二是突出了最鲜明的主题。深刻把握山西谋划未来发展的大前提、大逻辑、大背景，全面阐述了全方位推动高质量发展的目标要求，进一步指明了山西工作的前进方向。这也是党代会报告之魂，是山西发展之纲。

三是承载了最厚重的期许。牢记习近平总书记殷殷嘱托，积极回应山西如何率先蹚出转型新路、如何在中部地区争先崛起、如何有序促进共同富裕、如何到2035年基本实现现代化等3500万山西人民都在热切关注的重大问题，擘画了山西今后五年的发展蓝图，描绘了三晋大地更加美好的光明前景。

四是作出了最清晰的判断。提出山西转型包括两个方面，一方面是以增强生存力发展力为方向，改造提升传统优势产业；一方面是以加快集群化规模化为方向，发展壮大战略性新兴产业。并强调这两个方面并行不悖、互生互成、殊途同归。这摆准了传统优势产业和战略性新兴产业的关系。

五是谋划了最重大的布局。提出要形成"一群两区三圈"的城乡区域发展新布局，特别是重点建设太忻经济区，加快打造山西中部城市群发展的北引擎，打造山西融入京津冀和服务雄安新区的重要走廊。这是推动山西在中部地区争先崛起、在全国版图彰显地位的大手笔。

六是发出了最响亮的号召。大会号召坚持解放思想的理论品格、实事求是的思想路线、真抓实干的优良传统、久久为功的价值追求，必将进一步激励三晋儿女拿出最饱满的精神风貌和最高昂的奋进姿态，全方位推动高质量发展，奋力谱写全面建设社会主义现代化国家山西篇章。

个领域"工作的关联性和政策配套性,防止单兵突进、顾此失彼,同时强化底线思维,有效防范各类风险连锁叠加。坚持锻长补短、厚积薄发,在服务和融入新发展格局中,一方面锻长板、抢先机,一方面补短板、蓄厚势,努力把山西的比较优势、后发优势转化为竞争优势。坚持改革创新、攻坚克难,紧盯先进地区和发展前沿,不甘落后、奋起直追,遇到困难不退缩、面对挫折不气馁,用新理念探索新模式、以新作为蹚出新路子。

全方位推动高质量发展,核心是"高质量发展"。山西仍是欠发达省份,结构性体制性素质性矛盾依然存在,不充分不平衡不协调问题依然突出。发展是解决山西一切问题的基础和关键。没有发展,一切都无从谈起;没有"高质量",发展也失去意义。我们必须完整准确全面贯彻新发展理念,坚定不移走高质量发展之路,让创新成为第一动力、协调成为内生特点、绿色成为普遍形态、开放成为必由之路、共享成为根本目的,奋力实现更高质量、更有效率、更加公平、更可持续、更为安全的发展。

高质量发展是目标导向、问题导向、结果导向的有机统一。要加快构建适应、反映、引领高质量发展的"三个体系":一是目标和标准体系,牵引各领域高质量发展的方向；二是任务和举措体系，明确各领域高质量发展的抓手；三是政策和制度体系，筑牢各领域高质量发展的支撑。

形成"六个领域""三个体系"全面贯通、深度协同的工作矩阵。山西全方位推动高质量发展的目标要求是以"全方位推动"为横向纬度，以"高质量发展"为纵向标尺，形成"六个领域""三个体系"全面贯通、深度协同的工作矩阵。按照工作矩阵，我们要把各项目标要求任务细化、实化、具体化。求新求变但不好高骛远，紧追紧赶但不急于求成，实打实推进工作。

通过全方位推动高质量发展，把山西建设成为国家资源型经济转型发展示范区，全国能源革命综合改革试点先行区，黄河流域生态保护和高质量发展重要实验区，中部地区先进制造业基地，内陆地区对外开放新高地，国际知名文化旅游目的地，使山西在全国构建新发展格局中的比较优势进一步发挥，在落实国家使命和国家战略中的责任担当进一步彰显，在全国发展大局中的地位作用进一步提升。

全省人民持续奋斗，不断推动转型态势更加强劲、民主法治更加健全、文化自信更加坚定、人民生活更加幸福、生态底色更加靓丽、政治生态更加清明，确保到

2030年基本完成资源型经济转型任务、到2035年基本实现现代化,共同创造三晋大地更加美好的前景。

准确把握全方位推动高质量发展的全面部署

山西省第十二次党代会提出山西工作的指导思想、奋斗目标和关键举措,对经济、政治、文化、社会、生态文明建设和党的建设作出全面部署。有利于进一步组织和动员山西人民解放思想、实事求是、真抓实干、久久为功,开创全方位推动高质量发展新局面。

构建支撑高质量发展的现代产业体系。产业转型促兴盛,结构优化蕴活力。全方位推动高质量发展,首要任务是经济高质量发展,重中之重是产业转型。山西产业转型包括两个方面,一方面是以增强生存力发展力为方向,改造提升传统优势产业;一方面是以加快集群化规模化为方向,发展壮大战略性新兴产业。这两个方面并行不悖、互生互成、殊途同归。要以高质量论英雄,不断提升产业发展的含金量、含新量、含绿量。山西要把握方向、找准路径,构建支撑高质量发展的现代产业体系,一是传统优势产业要率先转型,实现内涵集约发展。二是战略性新兴产业要引领转型,实现集群规模发展。三是服务业要提质转型,实现高端融合发展。四是

长治经济技术开发区高科华兴电子四车间竣工投产,主要用于生产前沿LED封装产品。

农业要特色转型,实现优质高效发展。五是三次产业要同步创新转型,实现协同跨越发展。山西要用非常之力、下恒久之功,将高质量发展进行到底。

以改革开放助力经济高质量发展。改革者进,开放者强。改革开放是决定当代中国命运的关键一招,也是实现中华民族伟大复兴的关键一招。山西做好经济工作,必须用好改革开放关键一招,以全新视野谋划事关山西长远发展的重大问题,做到整体推进、重点突破。山西要优化布局、提升能级,以改革开放助力经济高质量发展。一要优化区域发展布局,集聚高质量发展新动能。加强统筹规划,加快要素和人口集聚,形成全省"一群两区三圈"的城乡区域发展新布局。二要加快融通开放步伐,拓展高质量发展新空间。三要打造开发区建设升级版,决胜高质量发展新战场。四要狠抓市场主体和重大项目,构建高质量发展新支撑。五要用好先行

先试这个制胜法宝，释放高质量发展新红利。六要全面创优营商环境，激发高质量发展新活力。山西要把练好内功和借助外力结合起来，把宏观引导和微观搞活结合起来，走好经济高质量发展之路。

凝聚推动高质量发展的共识和力量。治民无常，唯法为治。加强民主法治建设，凝聚推动高质量发展的共识和力量，是山西省第十二次党代会提出的鲜明要求，是创造性地把全方位推动高质量发展的目标要求落到实处的有力保障。有利于充分调动全省人民推动高质量发展的积极性和创造性。山西要加强民主法治建设，凝聚推动高质量发展的共识和力量。一要保证和支持人民当家作主。二要全面推进法治山西建设。三要巩固和发展爱国统一战线。山西要高扬人民民主的光辉旗帜，弘扬社会主义法治精神，形成三晋儿女心往一处想、劲往一处使的生动局面。

推动文化高质量发展。文化兴国运兴，文化强民族强。山西作为文化资源大省，把文化作为强省的载体路径和精神支柱，坚持社会主义先进文化发展方向，坚持宣传思想工作守正创新，举旗帜、聚民心、育新人、兴文化、展形象，统筹推进以文化人、以文惠民、以文兴业。山西要坚定文化自信，推动文化高质量发展。一要牢牢掌握意识形态工作领导权。二要不断强化社会主义核心价值观引领作用。三要扎实推进人民精神生活共同富裕。四要充分焕发三晋文化的时代光彩。五要积极推动文化领域改革创新。山西要旗帜鲜明弘扬主旋律、传播正能量，用璀璨文化之光照亮山西高质量发展之路。

推动各项社会事业高质量发展。民之所盼，政之所向。治国有常，而利民为本。高质量发展是为了让人民过上好日子，让老百姓底气更足、笑脸更多、生活品质更高。山西要坚持以人民为中心的发展思想，民生投入要只增不减、惠民力度要只强不弱、惠民实事要只多不少，扎实推动共同富裕。山西要增进民生福祉，推动各项社会事业高质量发展。一要促进更加充分更高质量就业。二要提高城乡居民收入水平。三要构建公平优质教育体系。四要推进健康山西建设。五要健全多层次社会保障体系。六要打造共建共治共享的社会治理格局。山西要多谋民生之利、多解民生之忧，不断提升全省人民的获得感、幸福感、安全感。

厚植高质量发展的生态底色。表里山河，得之天成。绿水青山，是人民幸福生活的底色，是世代永续发展的源泉。山西要深入贯彻习近平生态文明思想，全面推动

提质进位 再谱新篇

太原市杏花岭区化工路小学举行"马头琴乐团迎新年"汇报演出。

黄河流域生态保护和高质量发展，一体推进治山治水治气治城，实现绿色发展，建设美丽山西。山西要践行绿水青山就是金山银山理念，厚植高质量发展的生态底色。一要有序实施碳达峰山西行动。二要扎实推进"两山七河一流域"生态修复治理。三要坚决打好污染防治攻坚战。四要加快健全生态文明制度体系。山西要像保护眼睛一样保护生态，像爱护生命一样爱护环境，用绿色扮靓三晋大地，唱响新时代"人说山西好风光"。

筑牢高质量发展的根本保证。 治国必先治党，治党务必从严。党和人民事业发展到什么阶段，全面从严治党就要跟进到什么阶段。坚持全面从严治党，就要深入贯彻新时代党的建设总要求，坚持严的主基调不动摇。全面建设清廉山西，引领保障高质量发展行稳致远。山西要坚持全面从严治党，筑牢高质量发展的根本保证。一要自觉做到"两个维护"。二要深化思想理论武装。三要打造一支过硬干部队伍。四要大力培养引进用好人才。五要加强基层组织建设。六要全面深化党风廉政建设和反腐败斗争。山西要始终不渝、驰而不息坚持全面从严治党，续写山西践行新时代中国特色社会主义新篇章。

提质进位　再谱新篇

凝聚激发全方位推动高质量发展的精神力量

全方位推动高质量发展，已经成为山西最鲜明的主题、最激扬的旋律。一分部署、九分落实。精气神是发展的宝贵财富，是发展的巨大推动力，发展需要凝神聚气。以敢想敢干的志气、敢破敢立的锐气、敢打敢拼的胆气，将蕴含于3500万山西人民内在的精神力量凝练出来。全省人民要鼓足志气、增强锐气、激发胆气，立足工作实际、发挥各自优势，把新蓝图变成施工图，创造性地把全方位推动高质量发展的目标要求落到实处。

敢想敢干的志气。 敢想敢干，就是敢于追梦、敢于成功，能让人充满自信和勇气。进入新发展阶段，面对新发展格局，只有敢想敢干才能掌握发展命运。山西如何在目前日益激烈的竞争格局中争先进位，如何率先蹚出转型新路，如何在中部地区争先崛起，如何有序促进共同富裕，如何到2035年基本实现现代化，这都需要我们有敢想敢干的志气，坚持解放思想的理论品格，用思想的大解放，促进作风的大转变、本领的大提升，以奋勇争先姿态拼搏努力、建功立业。

敢破敢立的锐气。 敢破敢立，需要不断破除头脑中的暮气、陈规。山西人民从来不缺乏敢破敢立的锐气。回

第一章 运筹帷幄谋全局

望过去奋斗历程，从一度发生系统性塌方式腐败、经济遭遇断崖式下滑，到政治生态由"乱"转"治"、发展由"疲"转"兴"，到政治生态风清气正、转型发展态势良好，再到全方位推动高质量发展蔚然成势，山西各项事业稳步向上、持续向好。山西经历的极不寻常的发展历程，正是敢破敢立的最好诠释。改革寓于创新之中。现在，置身全方位推动高质量发展的伟大实践中，我们要继续破除一切制约高质量发展的观念壁垒、制度障碍、路径依赖，继续以敢破敢立的锐气蹚出高质量发展的新路。

敢打敢拼的胆气。 敢打敢拼，打的是转型仗，拼的是精气神，是永不懈怠的精神状态和一往无前的奋斗姿态。如今，全方位推动高质量发展蓝图已绘就，我们要紧扣高质量发展主题，以马不离鞍、缰不松手的定力和耐心，解放思想、实事求是，真抓实干、久久为功，继承当年老八路革命加拼命的劲头，不仅能开顺风船，更勇于开顶风船，用恒心和韧劲拼出推动发展的强大力量。

第二章

突围突破强动能

—— 持续推动产业结构优化升级

提质进位　再谱新篇

咬定青山不放松，任尔东西南北风。2022年4月29日，习近平总书记主持召开中共中央政治局会议，分析研究当前经济形势和经济工作，明确提出"疫情要防住、经济要稳住、发展要安全"的重要要求并作出重点部署，为我们做好当前及今后一段时期各项工作指明了前进方向、提供了根本遵循。

察势者智，驭势者赢。观察我国经济，既要看数据升降之"形"、市场变化之"态"，又要看百姓获得之"实"，更要把握长期发展之"势"。党的十八大以来，在以习近平同志为核心的党中央坚强领导下，我国经济发展的平衡性、协调性、可持续性明显增强，逐渐从"有没有"转向"好不好"，从"旧动能"转向"新动能"，从"积累量"转向"提升质"，书写了新时代中国特色社会主义经济发展的崭新篇章。

山西以习近平经济思想为指引，深入贯彻落实习近平总书记考察调研山西重要指示精神，坚持"稳"字当头、稳中求进，扎实做好"六稳""六保"工作。要按照全方位推动高质量发展的目标要求，高效统筹疫情防控和经济社会发展，狠抓防疫情、稳经济、保安全三大任务，保持工作连续性稳定性，强化举措针对性实效性，敢于破除一切制约高质量发展障碍，切实走好经济高质量发展之路。

一、习近平经济思想引领经济发展破浪前行

党的十八大以来,面对严峻复杂的国际形势和艰巨繁重的国内改革发展稳定任务,以习近平同志为核心的党中央高瞻远瞩、统揽全局、把握大势,提出一系列新理念新思想新战略,指导我国经济发展取得历史性成就、发生历史性变革,在实践中形成和发展了习近平经济思想。

坚持思想引领 总揽发展全局

习近平经济思想体系严整、内涵丰富、博大精深,具有广阔时代背景、深厚理论渊源和坚实实践基础,蕴含着坚定的理想信念、鲜明的人民立场、宏大的全球视野,是习近平新时代中国特色社会主义思想的重要组成部分,是马克思主义政治经济学在当代中国、21世纪世界的最新理论成果,是我国经济高质量发展、全面建设社会主义现代化国家的科学指南。

加强党对经济工作的全面领导是我国经济发展的根本保证。 要切实把党领导经济工作的制度优势转化为治理效能,不断提高党领导经济工作科学化、法治化水平,增强党领导经济工作的专业化能力。

坚持以人民为中心的发展思想是我国经济发展的根本立场。要把人民放在心中最高的位置，坚持在发展中保障和改善民生，坚定不移走共同富裕的道路。

进入新发展阶段是我国经济发展的历史方位。要统筹中华民族伟大复兴战略全局和世界百年未有之大变局，增强机遇意识和风险意识，善于在危机中育先机、于变局中开新局。

坚持新发展理念是我国经济发展的指导原则。要完整准确全面贯彻新发展理念，把新发展理念贯彻到经济社会发展全过程和各领域，真正做到崇尚创新、注重协调、倡导绿色、厚植开放、推进共享。

构建新发展格局是我国经济发展的路径选择。要坚持扩大内需这个战略基点，使生产、分配、流通、消费各环节更多依托国内市场，形成国民经济良性循环，并努力实现国内国际双循环，进而不断提升国内大循环效率和水平。

推动高质量发展是我国经济发展的鲜明主题。要坚持质量第一、效益优先，推动质量变革、效率变革、动力变革，加快建设现代化经济体系，努力实现更高质量、更有效率、更加公平、更可持续、更为安全的发展。

坚持和完善社会主义基本经济制度是我国经济发展

的制度基础。要毫不动摇巩固和发展公有制经济，毫不动摇鼓励、支持、引导非公有制经济发展，坚持按劳分配为主体、多种分配方式并存，充分发挥市场在资源配置中的决定性作用，更好发挥政府作用，加快完善社会主义市场经济体制。

坚持问题导向部署实施国家重大发展战略是我国经济发展的战略举措。要全面推进乡村振兴，坚持实施区域重大战略、区域协调发展战略，深入实施以人为核心的新型城镇化战略。

坚持创新驱动发展是我国经济发展的第一动力。要坚持创新在我国现代化建设全局中的核心地位，推进高水平科技自立自强，加快建设世界重要人才中心和创新高地。

大力发展制造业和实体经济是我国经济发展的主要着力点。要坚定不移建设制造强国、质量强国、网络强国、数字中国，推进产业基础高级化、产业链现代化，加快建设现代化基础设施体系。

坚定不移全面扩大开放是我国经济发展的重要法宝。要坚定实施对外开放基本国策，建设更高水平开放型经济新体制，推进共建"一带一路"高质量发展，推动经济全球化朝着更加开放、包容、普惠、平衡、共赢的方向发展。

统筹发展和安全是我国经济发展的重要保障。要增强忧患意识，着力防范化解重大风险，扛稳粮食安全重任，保障国家能源安全，确保产业链供应链稳定安全，实现高质量发展和高水平安全良性互动。

坚持正确工作策略和方法是做好经济工作的方法论。要坚持稳中求进工作总基调，坚持系统观念，坚持目标导向和问题导向相结合，坚持集中精力办好自己的事，坚持以钉钉子精神抓落实。

聚焦生动实践　走好强国之路

党的十八大以来，在以习近平同志为核心的党中央坚强领导下，中国经济焕发新活力，跃上新台阶，迈上更高质量、更有效率、更加公平、更可持续、更为安全的发展之路。新时代中国经济创造的奇迹，根本在于遵循习近平经济思想的指引。

从"美"字看为人民谋幸福的经济学。习近平经济思想从社会主要矛盾变化出发，坚持以人民为中心，引领中国发展更加聚焦"美"，是为人民谋幸福的经济学，在广袤大地绘就美好生活、美丽中国、美美与共的高质量发展画卷。

第二章　突围突破强动能

以习近平同志为核心的党中央，从社会主要矛盾变化出发，不断提升群众获得感、幸福感、安全感，历史性地解决了绝对贫困问题，全面小康梦圆，复兴气象激荡。对百年大党来说，满足人民对美好生活的需要是始终不渝的目标。这是中国共产党为人民谋幸福、为民族谋复兴的初心使命，也是习近平经济思想的逻辑起点。

当前，我国社会生产不再落后，温饱问题得到解决，人们开始期盼更好的教育、更稳定的工作、更满意的收入、更可靠的社会保障、更高水平的医疗服务、更舒适的居住条件、更优美的环境……2021年，我国人民生活水平稳步提高。居民人均可支配收入实际增长8.1%。脱贫攻坚成果得到巩固和拓展。基本养老、基本医疗、社会救助等保障力度加大。教育改革发展迈出新步伐。新开工改造城镇老旧小区5.6万个，惠及近千万家庭。疫情防控成果持续巩固。

从"实"字看为民族复兴奠定强大物质基础。习近平经济思想从马克思主义劳动价值论出发，统筹经济学价值与哲学价值，聚焦一个"实"字，是为民族复兴奠定更强大物质基础的经济学。

越是宏伟的事业，越需要坚实的支撑。实体经济是

提质进位　再谱新篇

一国经济的立身之本，是财富创造的根本源泉，是国家强盛的重要支柱。习近平经济思想把经济活动的起点、主体牢牢锚定在研发、生产、制造、流通等劳动活动上，希望企业实实在在地做产品，实实在在提供服务，实实在在提升品质。以习近平同志为核心的党中央，锚定一个"实"字，把实体经济及其背后的科技支撑，作为民族复兴千秋伟业的坚强柱石，作为应对国际竞争大风大浪的定海神针，带领全国人民一起，扎扎实实干出了新时代历史性成就。

从中国空间站开启"有人长期驻留"新阶段，到复兴号高铁列车风驰电掣在青藏高原；从自主建造的"雪龙2"号挺进极地，到"神威·太湖之光"超级计算机在数字世界中不断突破……新时代中国发展突飞猛进，靠的正是实体经济的坚实基础和科技创新的强劲动力。

从"效"字看更好处理政府和市场关系。新时代社会主义市场经济学，聚焦一个"效"字，从经济规律和我国经济发展实际出发，统筹政府与市场的关系，充分彰显出社会主义制度的优越性，引领中国号巨轮不断破浪前行。

要全面深化改革，创新经济治理方式。在习近平经济思想指导下，以深化改革激发市场活力的生动景象

第二章　突围突破强动能

不断上演，完善社会主义市场经济体制的改革成效不断显现，让促进生产力发展、创造社会财富的源泉充分涌流。国家博物馆中陈列的"109枚来自天津滨海新区的红色公章"到"一颗印章管审批"，从"109"变成"1"，政府"减法"换取了市场活力"乘法"，成为中国进一步理顺政府与市场关系、完善经济治理的生动见证。

要处理好政府与市场的关系。我国的社会主义市场经济体制，是社会主义条件下的市场经济体制，有别于西方资本主导的市场经济体制，要求发挥社会主义制度的优越性、发挥政府的积极作用，管好市场管不了或管不好的事情。2021年秋季，部分地区出现拉闸限电。关键时刻，国家果断出手，深化煤电上网电价市场化改革、加强煤炭市场调控……综合措施立竿见影，煤炭价格趋于理性，这充分体现了有效市场和有为政府结合的强大效力。

从"协"字看发展方式之变。习近平经济思想从新发展阶段目标任务出发，统揽经济与社会、人与自然、经济基础与上层建筑，运筹速度与质量、效率与公平，聚焦一个"协"字，道出思想的广度、深度与维度，是为万世开太平的经济学。

提质进位 再谱新篇

·特别关注·

中国经济复苏

疫情期间,中国数千家企业迅速扩产转产,让全球见证了中国高效的行动力。危机是块"试金石"。面对疫情冲击,中国"率先控制疫情""率先复工复产""率先实现经济增长由负转正"。为什么中国经济可以持续复苏,成为世界经济的"压舱石"?这令世界惊叹的中国速度、中国效率,正是体现了中国经济治理之"效"。习近平总书记指出,"在社会主义条件下发展市场经济,是我们党的一个伟大创举。我国经济发展获得巨大成功的一个关键因素,就是我们既发挥了市场经济的长处,又发挥了社会主义制度的优越性。"

GDP即国内生产总值,是衡量经济发展的重要指标。但当前,我们不再简单以GDP论英雄,而是强调以提高经济增长质量和效益为立足点。我们坚持创新、协调、绿色、开放、共享的新发展理念,着力推动区域协调发展、城乡协调发展、物质文明和精神文明协调发展,着力加强供给侧结构性改革、提高供给体系质量和效率,统筹兼顾、综合协调,突出重点、带动全局。2021年全年国内生产总值1143670亿元,比上年增长8.1%。其中,第一产业增加值83086亿元,比上年增长7.1%;第二产业增加值450904亿元,增长8.2%;第三产业增加值609680亿元,增长8.2%。

我国现代化是人与自然和谐共生的现代化,注重同步推进物质文明建设和生态文明建设,是我国建设社会主义现代化重要特征之一。从"两个文明"到"三位一体""四位一体",再到党的十八大首次把

第二章　突围突破强动能

生态文明建设纳入"五位一体"总体布局,我们走出了一条经济社会高质量发展、生态环境高水平保护、高品质生活相得益彰、人与自然和谐相处的绿色发展之路。

从"共"字看扎实推进共同富裕。习近平经济思想从社会主义本质出发,统筹效率与公平,聚焦一个

 ·特别关注·

重大科技创新

2021年是"十四五"开局之年,创新的"脉动"尤为强劲,放眼"深蓝","海牛Ⅱ号"钻机钻出231米的新纪录;遥望星空,"海洋一号"D卫星和"海洋二号"C卫星"闪耀"星河;挺进山川河流,金沙江白鹤滩水电站里,浪花飞溅、电流穿梭,全球单机容量最大功率百万千瓦水轮发电机组投产发电……我国重大创新成果竞相涌现,创新能力持续提升。

近年来,大同从百年"煤都"加速向"新能源之都"迈进,经济更加健康,还换回了年均300余天的"大同蓝"。

"共"字，是共同富裕的经济学，引领全党全国人民深刻践行以人民为中心的发展思想，在高质量发展中促进共同富裕的脚步更加笃定。

发展为了谁？这是一个国家最深层的价值取向。"必须把促进全体人民共同富裕作为为人民谋幸福的着力点"，"我们追求的发展是造福人民的发展，我们追求的富裕是全体人民共同富裕"，"要在新起点上接续奋斗，推动全体人民共同富裕取得更为明显的实质性进展"，习近平总书记的话掷地有声。中国特色社会主义新时代是全国各族人民团结奋斗、不断创造美好生活、逐步实现全体人民共同富裕的时代。

在以习近平同志为核心的党中央坚强领导下，在习近平经济思想指引下，全党全国人民再接再厉、接续奋斗，共同富裕的图景更加壮美，中国人民生活更加幸福的画卷稳步铺展，与世界共同繁荣发展的愿景不断照进现实。

二、全方位推动高质量发展的首要任务是经济高质量发展

2022年春节前夕，习近平总书记五年来第三次亲

忻州市宁武县汾河两岸美景如画,人民幸福感稳步提升。

临山西考察调研,亲切看望慰问基层干部群众,充分肯定了党的十九大以来山西各项事业取得的成绩,作出重要指示,寄予殷切期望,充分体现了党中央对山西工作的高度关注,对山西工作的坚定支持。从"五项重大任务",到"在转型发展上率先蹚出一条新路来",再到"在高质量发展上不断取得新突破",习近平总书记一次次为山西发展指明方向。

以产业转型升级打造高质量发展新引擎

山西作为资源型传统工业基地,多年来"一煤独大"的结构性问题、"一股独大"的体制性问题、创新能力不足的素质性问题始终存在,发展的不充分不平衡不协调问题依然突出。

2009年5月,习近平同志来山西调研时指出,要务力保持经济平稳较快发展，更加注重在转型中推进发展，更加注重培育新的经济增长点，更加注重支持企业发展。2010年12月，国务院批准设立山西省国家资源型经济转型综合配套改革试验区，山西转型综改大幕由此开启。

2017年6月，习近平总书记视察山西时指出，山西发展已经由"疲"转"兴"，希望山西着力解决制约发展的结构性、体制性、素质性矛盾和问题，真正走出一条产业优、质量高、效益好、可持续的发展新路。并就转型发展靠创新驱动、营造良好营商环境、发展与改革高度融合、打造内陆地区对外开放新高地等工作提出要求。

2020年5月，习近平总书记在山西视察，要求山西在转型发展上率先蹚出一条新路来，希望山西落实好能源革命综合改革试点要求、以科技创新实现"六新"突破、把扩大内需各项政策举措抓实、健全对外开放体制机制、持续推动产业结构调整优化、把实体经济特别是制造业做优做强、发挥重大投资项目带动作用，持续在国企国资、财税金融、营商环境、民营经济、扩大内需、城乡融合等重点改革领域攻坚克难。

2022年1月，习近平总书记在山西考察调研时，要

第二章 突围突破强动能

求山西持续推动产业结构优化升级,勉励山西"在高质量发展上不断取得新突破"。

亮出中部地区高质量发展的山西名片

中部地区承东启西、连南接北,资源要素丰富、市场潜力巨大、文化底蕴深厚。中部地区崛起战略实施以来,特别是党的十八大以来,中部地区粮食生产基地、能源原材料基地、现代装备制造业及高技术产业基地和综合交通运输枢纽地位更加巩固。

在和顺扶贫产业园,易地扶贫搬迁群众通过培训,进入扶贫车间进行箱包生产,有了稳定收入。

提质进位　再谱新篇

山西是中部地区六省之一，承担着推动制造业高质量发展、承接新兴产业布局和转移等方面取得突破的重要使命；山西是沿黄河九省之一，承担着共同抓好大保护、协同推进大发展的重要责任；山西已融入京津冀协同发展国家战略"朋友圈"，承担着成为京津冀向中西部地区辐射的战略支撑带的重要任务。

2017年6月，习近平总书记视察山西时指出，山西承接东西，连接南北。历史上看，山西是"一带一路"大商圈的重要组成部分。2021年7月，《中共中央 国务院关于新时代推动中部地区高质量发展的意见》正式出台，是党中央对中部地区发展作出的又一重大决策部署，其中关键词从"崛起"变成了"高质量发展"，体现了立足新发展阶段、贯彻新发展理念、构建新发展格局，为中部地区在国家区域协调发展中发挥更大作用提供了遵循。《意见》7次提到山西、6次提到太原，涉及山西中部城市群、太原新材料产业集群、汾河生态廊道等重大政策、重大改革和重大项目，为山西更好服务和融入新发展格局提供了根本遵循和重大机遇。当前，山西必须抓住高质量发展的历史机遇期，在推动中部地区高质量发展的时代征程上，亮出中部地区高质量发展的山西名片。

· 政策链接 ·

《中共中央国务院关于新时代推动中部地区高质量发展的意见》中关于山西的重要内容

◎做大做强先进制造业：在大湛沿线建设太原新材料产业集群；重点促进山西煤炭产业向智能化、绿色化、服务化发展；加快推进山西国家资源型经济转型综合配套改革试验区建设和能源革命综合改革试点。

◎积极承接制造业转移：推进晋陕豫黄河金三角承接产业转移示范区建设。

◎推动先进制造业和现代服务业深度融合：加快太原国家物流枢纽建设；支持山西与现有期货交易所合作开展能源商品期现结合交易。

◎主动融入区域重大战略：支持山西深度参加黄河流域生态保护和高质量发展战略实施，共同抓好大保护，协同推进大治理。

◎促进城乡融合发展：支持山西中部城市群建设；增强太原区域中心城市辐射带动能力；促进大同等区域重点城市经济发展和人口集聚。

◎推动省际协作和交界地区协同发展：务实推进晋陕豫黄河金三角区域合作；推动太原跨汾河发展。

◎共同构筑生态安全屏障：以河道生态整治和河道外两岸造林绿化为重点，建设汾河生态廊道。

◎加快形成绿色生产生活方式：支持山西煤层气开发转化。

◎加快内陆开放通道建设：积极推动太原形成特色区域枢纽。

◎打造内陆高水平开放平台：鼓励太原建设临空经济区。

◎增加高品质公共服务供给：深入挖掘和利用地方特色、文化资源，打响三晋文化品牌。

◎实现巩固拓展脱贫攻坚成果同乡村振兴有效衔接：聚焦太行山区、吕梁山区等地区，健全防止返贫监测和帮扶机制，保持主要帮扶政策总体稳定，实施帮扶对象动态管理，防止已脱贫人口返贫。

担当好能源保供重大使命

山西是国家重要的能源基地，肩负着保障国家能源安全的责任使命。新中国成立以来，累计生产煤炭超210亿吨，占全国产量1/4以上，其中70%外调，覆盖全国2/3以上省份，净转出电量1.47万亿千瓦时，为全国建设提供了强大的能源支撑。

党中央高度重视山西能源建设，2019年5月，中央全面深化改革委员会第八次会议审议通过了《关于在山西开展能源革命综合改革试点的意见》，支持山西通过综合改革试点，争当能源革命排头兵。10月，习近平总书记向2019年太原能源低碳发展论坛致贺信，深刻阐述了推动能源革命的核心理念和中国主张。

2022年1月，习近平总书记在山西考察调研时，对保障国家能源安全作出重要论述，指出富煤贫油少气是我国国情，要求我们提升能源供应保障能力，"夯实国内能源生产基础，保障煤炭供应安全，统筹抓好煤炭清洁低碳发展、多元化利用、综合储运这篇大文章"。

晋能控股集团塔山循环经济园区

三、夯实高质量发展的物质基础

笃行不怠守初心，踔厉奋发启新程。2021年，山西坚决担当使命，遵循产业发展规律，在精准施策中奋力推动转型，实现了"十四五"良好开局，和全国一道实现第一个百年奋斗目标，全面开启向第二个百年奋斗目标进军的新征程。行稳致远，进而有为；向高而行，全力以赴。山西人民勠力同心，砥砺奋进，全力抓好防疫情、稳经济、保安全三大任务，继续书写好高质量发展的山西答卷。

把握方向、找准路径，构建支撑高质量发展的现代产业体系

全方位推动高质量发展，首要任务是经济高质量发展，重中之重是产业转型。山西一方面以增强生存力发展力为方向，改造提升传统优势产业；另一方面以加快集群化规模化为方向，发展壮大战略性新兴产业；同时，推动农业特色转型、服务业提质转型、三次产业同步创新转型，力争实现协同跨越式发展，从而构建特色鲜明、结构合理、链群完整、竞争力强的现代产业体系。

推动传统优势产业率先转型，实现内涵集约发展。 煤炭等传统优势产业是几代人奋斗积累的家底，是稳定经济的压舱石，必须倍加珍惜。传统优势产业转型要以增强生存力发展力为方向，推动企业投入产出水平和全员劳动生产率全面迈过全国同行业平均水平这个"生存线"，力争达到先进水平这个"发展线"。一是要突出智能化，推动传统优势产业加快转向先进制造业。二是要突出绿色化，推动传统优势产业降能耗、提能效。三是要突出服务化，推动传统优势产业与现代服务业相互促进。推动生产性服务业由服务制造环节向上下游延伸，形成全产业链条。四是坚决当好能源革命排头兵，全力保障国家能源安全。深入贯彻落实党中央、国务院决策部署，立足以煤为主的基本国情，守牢能源安全底线，充分发挥煤炭的"压舱石"作用，切实抓好煤炭保量稳价，大力推进煤炭清洁高效利用，扎实推动生态优先、

·政策学习·

《中共山西省委关于防疫情稳经济保安全以优异成绩迎接党的二十大胜利召开工作意见》

◎疫情要坚决防住

始终牢记"人民至上、生命至上",坚持"外防输入、内防反弹"总策略、"动态清零"总方针不动摇,坚决扛起疫情防控政治责任,做好打持久战的思想准备和工作准备,按照"早、快、准"要求,切实提升疫情防控工作标准化水平,在筑牢疫情防线和维护正常生产生活秩序之间找到最佳平衡点,精准施策、持续发力,努力用最小代价实现最大防控效果,最大限度减少疫情对经济社会发展的影响。

1.高效精准落实疫情防控措施。
2.科学布局疫情防控能力保障。
3.坚决做好货运物流保通保畅。
4.紧紧兜牢民生保障底线。

◎经济要全力稳住

坚持稳字当头、稳中求进,加快落实已经出台的政策,积极推出有利于经济稳定的政策,扎实做好"六稳""六保"工作,全力稳住经济基本盘,在一季度实现"开门红"的基础上,确保上半年主要经济指标时间任务"双过半",努力实现全年经济社会发展预期目标,保持经济运行在合理区间。

5.全力做好经济运行监测。
6.夯实传统优势产业基本盘。
7.加快发展壮大战略性新兴产业。
8.稳定农业特别是粮食生产。
9.稳定市场主体助力企业解困。
10.深化省属国资国企改革。
11.全力完成开发区年度目标任务。
12.加快建设山西中部城市群南北引擎。

◎发展要确保安全

坚持把发展作为解决我省一切问题的基础和关键,把安全作为我省全方位推动高质量发展的基本保障和重要标志,统筹发展与安全,强化底线思维,增强忧患意识,提高各类风险防控能力,确保全省政治社会大局稳定、经济持续健康发展,切实当好首都"护城河"。

13.坚定维护政治安全、意识形态安全。
14.坚决为保障国家能源安全作出山西贡献。
15.有力防范金融等领域重大风险。
16.坚决守住安全生产底线。
17.做好防灾减灾救灾各项工作。
18.切实保障生态环境安全。
19.全力做好基层社会治理。
20.加强干部作风和能力建设。

绿色低碳的高质量发展，为稳定宏观经济大盘、稳物价保民生作出贡献。

推动战略性新兴产业引领转型，实现集群规模发展。夜幕降临，山西转型综改示范区内灯光点点，高端装备制造、数字产业、现代物流等一批战略性新兴产业在这里集聚，一个个火热的生产镜头，折射出山西经济"活"字当头、"新"字打底，转型发展势头强劲。战略性新兴产业是引导未来经济社会发展的重要力量，是实现高质量发展的希望所在。未来发展中，山西要进一步聚焦"六新"领域，推动战略性新兴产业成为山西转型的新标识。为此，山西必须前瞻布局、创新引领。在战略性新兴产业发展方面，一是实施千亿产业培育工程；二是实施全产业链培育工程；三是实施高成长性企业培育工程；四是实施未来产业培育工程。

推动服务业提质转型，实现高端融合发展。服务业事关发展全局，事关民生福

• 特别关注 •

阳泉市传统优势产业与现代服务业融合发展

阳泉市在数字经济领域已有一定基础，在传统优势产业转型发展过程中，充分用好"1+3+N"一体化大数据中心体系城市级枢纽节点等政策赋权，用好"百度"这一名片，相继引进了中关村软件园、中国电子等龙头企业，在"无人驾驶"这一赛道上加快布局，以车路协同示范区为牵引打造"智车之城"。服务业扩容提质方面，结合阳泉特点，提出聚焦平台经济、现代物流、文化旅游、康养产业"四大领域"，聚力打造五大生产性服务业集聚区，建设五大公共服务标杆工程，推动服务业提质升级。

祉，地位举足轻重。推进服务业提质增效，是实现稳中求进的必然选择、加快产业转型的内在要求、把握战略机遇的重要抓手、保障改善民生的现实需要。一是要大力发展生产性服务业。加快现代服务业同先进制造业和现代农业深度融合；推动现代物流降本提质，打造一批电商小镇。积极培育各类金融业态。二是要提升发展生活性服务业。推动现代商贸、文化旅游、体育休闲、家庭服务、养老服务等产业提升品质，形成山西服务品牌标志。依托龙头景区，发展一批特色小镇、星级酒店；扩大高铁旅游通达范围，建好用好三个一号旅游公路。三是要加快发展非营利性服务业。加大投入力度，提升服务质量。

推动农业特色转型，实现优质高效发展。山西山多地少、地貌多元、气候多样，这些独特的资源禀赋决定了山西农业的出路在于"特"和"优"。进入新发展阶段，山西加快推进农业转型升级，加速实现农业农村现代化，打好特色优势牌，带动农业高质高效、乡村宜居宜业、农民富裕富足。一是要坚持稳粮保粮。严守耕地红线，坚决遏制耕地"非农化"、防止"非粮化"，实施新一轮高标准农田建设工程。二是要坚持"特""优"方向。积极发展有机旱作农业，持续推进省级三大战略、五大平台、

提质进位　再谱新篇

· 知识链接 ·

山西省第一批特色小镇清单

◎ 太原市森栖小镇
◎ 阳泉市娘子关泉上文旅特色小镇
◎ 长治市振兴小镇
◎ 晋城市大阳晋风晋貌特色小镇
◎ 晋中市广誉远中医药特色小镇
◎ 晋中市玻璃器皿特色小镇
◎ 运城市圣天湖运动休闲特色小镇
◎ 运城市包装印刷特色小镇
◎ 临汾市紫砂陶特色小镇
◎ 临汾市黄土高原戎子葡萄酒特色小镇

农产品精深加工十大产业集群建设。三是要坚持科技兴农。高水平建设晋中国家农高区，完善科技特派员助力乡村振兴工作机制和激励政策。

三次产业要同步创新转型，实现协同跨越发展。 把创新摆到核心位置，深入实施创新驱动、科教兴省、人才强省战略，加快质量强省和知识产权强省建设，以创新牵引质量变革、效率变革、动力变革，实现三次产业整体跃迁，为我国实现高水平科技自立自强作出山西贡献。利用互联网技术对传统产业进行全方位全链条改造，推动制造业、服务业、农业等产业数字化发展，以数智赋能三次产业跨越发展。2022年6月24日，山西省科技创新大会在太原召开，强调要深刻认识创新在现代化建设全局中的核心地位，加大重点领域关键环节科技创新力度，更好发挥对全方位推动高质量发展的支撑引领作用。

第二章 突围突破强动能

优化布局、提升能级，以改革开放助力经济高质量发展

做好经济工作，必须用好改革开放关键一招，以全新视野谋划事关山西长远发展的重大问题，做到整体推进、重点突破。2021年，山西高起点构建"一群两区三圈"城乡发展新布局；在开发区全面推行"承诺制+标准地+全代办"改革，加快实现"区内事、区内办"；大力开展长板招商，全年招商引资开工项目超过2200个，到位资金1650亿元；高度重视创新生态建设，深入实施创新驱动发展战略。改革不停顿，开放不止步。全方位推动高质量发展，必须进一步优化布局，提升能级，在新的历史关头继续以改革开放助力经济高质量发展。

优化区域发展布局，实施区域协调发展。 聚焦服从服务国家战略，结合省情实际，山西提出构建"一群两区三圈"城乡区域发展新布局。

形成山西中部城市群。作为资源要素集聚地和创新活动主要承载区，城市群是区域经济发展的增长极，在工业化、城市化和现代化进程中发挥着越来越重要的牵引作用。要统筹太原、晋中、忻州、吕梁、阳泉五市比较优势，谋划山西中部城市群高质量发展。

提质进位 再谱新篇

高起点建设山西经济高质量发展的南北双引擎：太忻一体化经济区、山西转型综改示范区。承担起山西融入京津冀、服务雄安新区重要走廊和转型发展排头兵的重要使命。

推进晋北、晋南、晋东南高质量城镇圈建设。其中，晋北城镇圈与陕西中部及京津冀、呼包鄂榆城市群内外联动，深化蒙晋冀长城金三角区域合作；晋南城镇圈与山西中部及关中平原城市群内外联动，深化晋陕豫黄河金三角区域合作；晋东南城镇圈与山西中部及中原城市群内外联动，申建国家级承接产业转移示范区。

以改革促转型、以开放带转型。山西人自古就有改的勇气、闯的魄力，在这个互联互通的时代，东西南北都可以向中部集中，向山西集聚，关键就在于我们能不能抢抓新发展格局带来的重塑性机遇。面对资源型经

晋中国家农高区科创基地

第二章 突围突破强动能

济转型的困难和挑战,唯有大胆试、大胆闯、全力拼、踏实干,才能闯关夺隘、开拓新局。我们要秉持开放包容的心态,以全新的视野、用发展的眼光看问题,用改革创新的办法来解决问题。加快融通开放步伐,拓展高质量发展新空间,打造内陆地区对外开放新高地,提升开放型经济水平。积极主动实施中部地区高质量发展战略,全力实施黄河流域生态保护和高质量发展战略,积极融入京津冀协同发展,主动对接长三角、粤港澳大湾区。打造开发区建设升级版,决胜高质量发展新战场。狠抓市场主体和重大项目,构建高质量发展新支撑,把项目建设作为经济工作的第一支撑。用好先行先试这个制胜法宝,释放高质量发展新红利,用好用足国家赋予的先行先试政策,打造深化改革的"山西样本"。全面创优营商环境,激发高质量发展新活力。

第三章

民主法治聚合力

—— 推进治理体系和治理能力现代化

提质进位　再谱新篇

且持梦笔书奇景，日破云涛万里红。2022年3月4日至11日，在这个催人奋进的春天里，全国"两会"在北京胜利召开。近5000名代表委员不负重托、不辱使命，积极建言献策、扎实履职尽责。十三届全国人大五次会议共收到议案487件，收到建议、批评和意见约8000件。全国政协十三届五次会议共收到提案5979件。一串串数字、一项项成果，饱含着为国履职、为民建言的实干担当，彰显出新时代拥核心、强信心、聚民心、筑同心的坚实步伐和勃勃生机。

党的十八大以来，我国社会主义民主政治制度化、规范化、程序化全面推进，中国特色社会主义政治制度优越性得到更好发挥，生动活泼、安定团结的政治局面得到巩固和发展。

全方位推动高质量发展，需要民主凝聚力量、法治提供保障。山西深入贯彻习近平法治思想，坚持党的领导、人民当家作主、依法治国有机统一，着力加强社会主义民主法治建设，不断发展全过程人民民主，充分调动一切积极因素，广泛凝聚智慧力量，巩固和发展良好政治局面，为全方位推动高质量发展奠定坚实基础。

第三章 民主法治聚合力

一、习近平法治思想开辟中国之治新境界

发展社会主义民主政治，建设社会主义政治文明，是中国共产党的一贯主张和不懈追求。党的十八大以来，以习近平同志为核心的党中央深刻把握中国特色社会主义进入新时代的新目标新任务新要求，结合中国特色社会主义政治建设的实践，作出了一系列重要论述，发展了中国特色社会主义政治建设理论，完善了中国特色社会主义政治制度，为新时代中国特色社会主义政治建设提供了根本遵循。

坚定不移走中国特色社会主义政治发展道路

万物得其本者生，百事得其道者成。政治发展道路的选择，在国家政治生活中具有决定性意义。对中国这样一个拥有悠久历史、56个民族、14亿多人口的发展中国家来说，坚持正确的政治发展道路更是关系根本、关系全局的重大问题。治不必同，期于利民。一个国家选择什么样的政治发展道路，归根到底是由这个国家的性质和国情决定的。中国特色社会主义政治发展道路深深扎根于中国社会土壤，是近代以来中国人民长期奋斗的必然结果，是中国共产党团结带领中国人民，立足中国

实际和中国革命、建设、改革的实践进程而作出的必然选择。

方向决定道路,道路决定命运。习近平总书记深刻指出,我们要坚定不移走中国特色社会主义政治发展道路,继续推进社会主义民主政治建设、发展社会主义政治文明。坚持中国特色社会主义政治发展道路,关键是要坚持党的领导、人民当家作主、依法治国有机统一。其中,党的领导是人民当家作主和依法治国的根本保

晋中市左权县人民法院法官深入农村为当地农民送法上门。

证，人民当家作主是社会主义民主政治的本质特征，依法治国是党领导人民治理国家的基本方式，三者相互配合、相辅相成，统一于中国特色社会主义政治发展道路的伟大实践之中。

毫不动摇坚持和加强党的全面领导

万山磅礴，必有主峰。中国共产党领导是中国特色社会主义最本质的特征，是中国特色社会主义制度的最大优势。习近平总书记强调，党的领导制度是我国的根本领导制度。党政军民学、东西南北中，党是领导一切的。在中国这样一个人口众多、发展很不平衡的大国，人民利益具有广泛性和多样性，实现人民利益具有复杂性、艰巨性，这就要求有一个能够代表广大人民利益、集中反映和有效体现人民意愿的政治核心。只有坚持党的领导，人民当家作主才能充分实现，国家和社会生活制度化、法治化才能有序推进。坚持党的领导首要的是要坚持党中央权威和集中统一领导，关键是要更加深刻认识"两个确立"的决定性意义，增强"四个意识"、坚定"四个自信"、做到"两个维护"，坚持和完善党的领导制度体系，提高党科学执政、民主执政、依法执政水平，充分发挥党总揽全局、协调各方的领导核心作用。

实践证明,坚持党的领导,是中国共产党百年奋斗的宝贵历史经验。沧海横流,砥柱巍然。党的十八大以来,以习近平同志为核心的党中央以伟大的历史主动精神、巨大的政治勇气、强烈的责任担当,旗帜鲜明强调坚持党的全面领导,党中央权威和集中统一领导得到有力保证,党的领导制度体系不断完善,党的领导方式更加科学,全党思想上更加统一、政治上更加团结、行动上更加一致,党的政治领导力、思想引领力、群众组织力、社会号召力显著增强。党团结带领人民,取得抗击新冠肺炎疫情重大战略成果,历史性地解决绝对贫困问题,全面建成小康社会,化解一系列重大风险,开启全面建设社会主义现代化国家新征程,向着全体人民共同富裕迈进。砥柱中流的百年大党,正凝聚起亿万人民的磅礴伟力,引领中国巨轮驶向光辉的复兴彼岸。

积极发展全过程人民民主

民主是全人类的共同价值,是中国共产党和中国人民始终不渝坚持的重要理念。实现民主的形式是丰富多样的,不能拘泥于刻板的模式。中国的民主是人民民主,人民当家作主是中国民主的本质和核心。中国共

第三章　民主法治聚合力

产党自诞生之日起，为实现人民当家作主进行了不懈探索和奋斗。习近平总书记强调，我们走的是一条中国特色社会主义政治发展道路，人民民主是一种全过程的民主。全过程人民民主，是中国共产党团结带领人民追求民主、发展民主、实现民主的伟大创造，是党不断推进中国民主理论创新、制度创新、实践创新的经验结晶。

民主不是抽象的，而是具体的、历史的。发展社会主义民主政治就是要体现人民意志、保障人民权益、激发人民创造活力，用制度体系保证人民当家作主。我国的人民民主，建立在社会主义基本经济制度基础上，是为绝大多数人民所享有的广泛的、真实的民主，它具体地、生动地体现在人民当家作主的全过程各环节，贯穿在民主选举、民主协商、民主决策、民主管理、民主监督等政治生活的全过程，把人民当家作主具体地、现实地体现到党治国理政的政策措施上来，具体地、现实地体现到党和国家机关各个方面各个层级工作上来，具体地、现实地体现到实现人民对美好生活向往的工作上来。实现了过程民主和成果民主、程序民主和实质民主、直接民主和间接民主、人民民主和国家意志相统一，是全链条、全方位、全覆盖的民主，是最广泛、最真实、最管用的社会主义民主。

社会主义愈发展，民主也愈发展。人民民主的力量，深刻改变着国家面貌。党的十八大以来，以习近平同志为核心的党中央，立足新的历史方位，深刻把握中国社会主要矛盾发生的新变化，积极回应人民对民主的新要求新期盼，团结带领人民发展全过程人民民主，使人民当家作主更好体现在国家政治生活和社会生活之中，中国特色社会主义政治制度优越性得到更好发挥，生动活泼、安定团结的政治局面得到巩固发展，全过程人民民主在中华大地展示出勃勃生机和强大生命力，中国人民的民主自信更加坚定，中国的民主之路越走越宽广。

健全人民当家作主制度体系

从一定意义上说，民主实际上是一套实现和保障人民当家作主的政治制度安排。我国的一切权力属于人民，要确保人民的主体地位，体现人民意志、保障人民权益、激发人民创造活力，就必须健全人民当家作主的制度体系。要重点部署坚持和完善支撑中国特色社会主义制度的根本制度、基本制度、重要制度。党的十八大以来，我国社会主义民主政治制度化、规范化、程序化全面推进，人民当家作主的政治架构、经济基础、法律原则、制度框架不断发展，民主形式不断丰富，民主渠道不断拓宽,中国的民主大厦巍然耸立起来。

要不断完善人民代表大会制度。人民代表大会制度,是适应人民民主专政国体的政权组织形式,是我国的根本政治制度。党坚持和完善人民代表大会制度,支持和保证人民通过人民代表大会行使国家权力,支持和保证人大依法行使立法权、监督权、决定权、任免权,维护人民代表大会制度权威和尊严,发挥人民代表大会制度的根本政治制度作用。实践证明,人民代表大会制度是确保人民当家作主的最可靠、最管用的制度安排。

晋中市榆次区张庆乡人大代表联络站

目前，我国共有各级人大代表262.3万人，其中县乡两级人大代表247.8万人，占代表总数的94.5%，都是按选区由选民一人一票产生的。改革开放以来，我国已经进行了12次乡级人大代表选举、11次县级人大代表选举，选民参选率都在90%左右。保证了人民掌握和行使国家权力，国家和民族前途命运牢牢掌握在人民手中。

要进一步健全和完善中国共产党领导的多党合作和政治协商制度。中国共产党与各民主党派长期共存、互相监督、肝胆相照、荣辱与共，"共产党领导、多党派合作，共产党执政、多党派参政"是这一新型政党制度的鲜明特征。它既强调中国共产党的领导，也强调发扬社会主义民主。政治协商、民主监督、参政议政，就是这种民主最基本的体现。加强人民政协专门协商机构制度建设，推进社会主义协商民主广泛多层制度化发展，形成中国特色协商民主体系。党的十八大以来，中共中央召开或委托有关部门召开政党协商会议170余次，确保重大问题决策更加科学、民主。各民主党派中央、无党派人士深入考察调研，提出书面意见建议730余件，许多意见建议转化为国家重大决策。

要进一步坚持和完善民族区域自治制度。我国是一个统一的多民族国家，中华民族多元一体是先人留给我

第三章　民主法治聚合力

们的丰厚遗产，也是我国发展的巨大优势。我国实行民族区域自治制度，坚持统一和自治相结合、民族因素和区域因素相结合，既保证了国家团结统一，又实现了各民族共同当家作主。民族自治地方行政区域的面积占到了全国总面积的64%。实践证明，民族区域自治制度，极大增强了各族人民当家作主的自豪感责任感，极大调动了各族人民共创中华民族美好未来、共享中华民族伟大荣光的积极性主动性创造性。在这一制度框架下，中华民族大团结的局面不断巩固，各族人民交往交流交融日益广泛深入，平等团结互助和谐的社会主义民族关系不断发展，56个民族像石榴籽一样紧紧抱在一起，中华民族共同体意识日益牢固。

要进一步坚持和完善基层群众自治制度。习近平总书记指出，要加强和创新基层社会治理，使每个社会细胞都健康活跃，将矛盾纠纷化解在基层，将和谐稳定创建在基层。中国实行以村民自治制度、居民自治制度和职工代表大会制度为主要内容的基层群众自治制度，人民群众在基层党组织的领导和支持下，依法直接行使民主权利，实现自我管理、自我服务、自我教育、自我监督，拓宽人民群众反映意见和建议的渠道，着力推进基层直接民主制度化、规范化、程序化。截至2021年底，中国有49.2万个村民委员会、11.6万个居民委员会，覆盖了城乡的全体居民。基层工会组织共有280.9万个，覆盖655.1万个企事业单位。

要巩固和发展最广泛的爱国统一战线。统一战线是中国共产党凝聚人心、汇集力量的重要法宝。在百年奋斗历程中，中国共产党始终把统一战线摆在重要位置，不断巩固和发展最广泛的统一战线，团结一切可以团结的力量，调动一切可以调动的积极因素。做好新形势下统战工作，必须高举爱国主义、社会主义旗帜，牢牢把握大团结大联合的主题，正确处理一致性和多样性关系，不断巩固共同思想政治基础，寻求最大公约数、画出最大同心圆。中国人民政治协商会议是中国人民爱国统一战线的组织，体现了大团结大联合的重要特征，最大限度凝聚起共同团结奋斗的强大力量。

全面推进依法治国

法治兴则民族兴，法治强则国家强。全面依法治国，是坚持和发展中国特色社会主义的本质要求和重要保障，是实现国家治理体系和治理能力现代化的必然要求，事关党执政兴国，事关人民幸福安康，事关党和国家长治久安。习近平总书记强调，依法治国是党领导人

第三章 民主法治聚合力

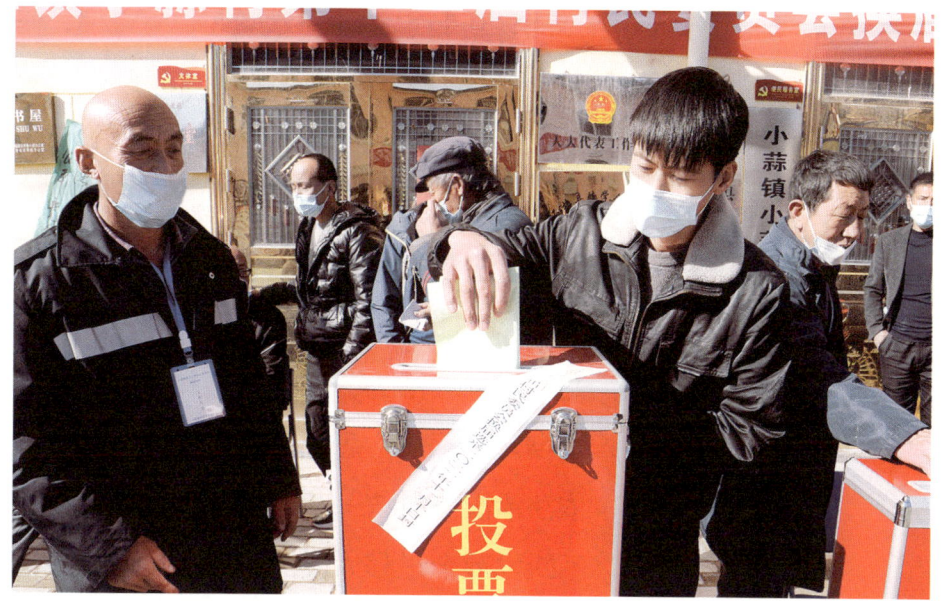

吕梁市石楼县首批村民委员会换届选举大会

民治理国家的基本方略,法治是治国理政的基本方式,要更加注重发挥法治在国家治理和社会管理中的重要作用,全面推进依法治国,加快建设社会主义法治国家。

党的十八大以来,中国特色社会主义法治体系不断健全,法治中国建设迈出坚实步伐,法治固根本、稳预期、利长远的保障作用进一步发挥,党运用法治方式领导和治理国家的能力显著增强。截至十三届全国人大常委会第三十四次会议闭幕,十三届全国人大通过了宪法修正案,全国人大及其常委会新制定法律68件,修改法律234件,通过有关法律问题和重大问题的决定99件。

与上一个10年相比,新制定的法律数量增加了1/3,修改的法律数量增加了近2倍,通过有关法律问题和重大问题的决定增加了1.5倍。

二、山西民主法治建设步履铿锵

民主法治是激发社会活力、实现社会和谐的重要基础。山西深入贯彻习近平法治思想,坚持党的领导、人民当家作主、依法治国有机统一,着力加强社会主义民主法治建设,不断发展全过程人民民主,推进民主政治制度化、规范化、程序化,社会主义民主政治越来越展现出强大生命力和显著优越性。在实现中华民族伟大复兴"中国梦"的征程上,山西民主法治建设迈出铿锵步伐。

夯实民主政治基石,汇聚澎湃力量

立治有体,施治有序。当前山西已形成了全面、广泛、有机衔接的人民当家作主制度体系,构建了多样、畅通、有序的民主渠道,有效保证了党的主张、国家意志、人民意愿相统一,全方位、全链条、全覆盖保障人民当家作主。

太原文瀛公园,山西各行业先进代表和游园群众近百人,共同唱响《唱支山歌给党听》。

人大工作质量和水平全面提升。山西省委高度重视、全面加强对人大工作的领导,2021年以来,山西省人民代表大会常委会坚持围绕中心、服务大局,审议法规草案46件,通过42件,作出决议决定10项,审查批准设区的市法规55件,立法工作继续呈现数量多、分量重、节奏快的特点;听取审议"一府一委两院"工作报告14项,检查调研了12个方面法律法规的实施情况,审查规范性文件102件,有力推动解决制约经济社会发展的突出问题;依法任免国家机关工作人员244人次,组织18批宪法宣誓。

另外,议案建议办理采取了一些新做法,代表联系人民群众方式有了新拓展,代表服务保障工作得到进一步加强。首次组织代表赴17个承办部门"面对面""零距离"沟通,健全议案办理机构负责同志与代表沟通机制,力求做到过程和结果双满意。首次组织省人大代表专题视察省政府年度民生实事项目落实情况,并形成制度化安排。常态化组织代表通过视察、调研、走访、座谈等方式直接听取和反映群众意见。全省建成1510个联络站、3783个联络点,探索了具有山西特色的"联络站+"工作模式,为代表执行职务、开展活动、联系群众搭建了平台。

人民政协参政议政的优势凸显。2021年以来,山西省政协围绕中心履职尽责,倾力为全方位推动高质量发展建言资政。中央和省委作出实现碳达峰碳中和重大决策后,省政协立即行动,聚焦控制高碳、推广低碳、力争零碳、奖励负碳,及时召开专题议政会,提出的26条意见建议"含金量"满满,为省委省政府科学决策、有效施策提供参考;向全国政协、省委省政府及有关部门报送社情民意信息1300余篇,省政协社情民意信息工作持续位居全国"第一方阵"。

爱国统一战线进一步巩固拓展。人心向背、力量对比是决定党和人民事业成败的关键。统一战线的本质是大团结大联合,根本任务是争取人心、凝聚力量。2021

第三章　民主法治聚合力

年，全省统一战线认真学习贯彻习近平新时代中国特色社会主义思想，特别是习近平总书记关于加强和改进统一战线工作的重要思想，弘扬伟大建党精神，围绕全方位推动高质量发展的目标要求，深入实施"同心四大工程"，进一步发挥新时代统一战线法宝作用。民族、宗教、外事、侨务、港澳和对台工作不断加强，爱国统一战线进一步巩固拓展，全省上下呈现出团结奋进、开拓活跃的良好局面。

· 知识链接 ·

"同心四大工程"

山西省委统战部深入实施"同心·思想引领""同心·助力转型""同心·风险防控""同心·能力提升"四大工程，补短板、解难题、促提升，在有力有效围绕中心、服务大局中凝心聚力。

推进法治山西建设，保障转型发展

高质量发展，需要法治提供保障。山西深化全面依法治省实践，从立法、执法、司法、守法、普法各方面共同发力，科学立法、严格执法、公正司法、全民守法深入推进，法治山西、法治政府、法治社会一体建设。法治体系日益完善，全社会法治观念明显增强。

法治建设持续加快。 山西高度重视法治建设，召开省委全面依法治省工作会议，对推动更高水平法治山

提质进位　再谱新篇

· 知识链接 ·

一规划两纲要：
《法治中国建设规划（2020—2025年）》
《法治社会建设实施纲要（2020—2025年）》
《法治政府建设实施纲要（2021—2025年）》

西建设作出全面部署。出台《贯彻落实习近平总书记在中央全面依法治国工作会议上的重要讲话精神的工作举措》，制定山西省"一规划两纲要"实施方案，对法治政府建设进行规划安排，确定忻州市、太原市万柏林区、柳林县在全国率先探索开展法治山西、法治政府、法治社会"三位一体"建设试点。压实党政主要负责人履行推进法治建设第一责任人责任，多次举办习近平法治思想专题培训班，实施"八五"普法规划，在全社会持续掀起学习贯彻习近平法治思想热潮。

立法水平持续提高。法治山西，立法先行。山西坚持以高质量立法促进高质量发展，积极推进"小切口、有特色"立法探索实践，出台一枚印章管审批条例、外来投资促进条例等地方性法规19件，在全国率先出台农业生产托管服务条例。坚持"立改废释"并举，制定长城保护办法、规范行政执法裁量权办法等省政府规章15件，修改和废止省政府规章16件。全国首家以省政府文件出台进口冷冻冷藏肉品总仓管理暂行办法。建立行政立法智能化信息平台和规章规范性文件备案审查工作平

第三章　民主法治聚合力

 · 特别关注 ·

"小切口、有特色"立法探索实践

中央全面依法治国工作会议指出，在地方立法实践中，可以搞一些"大块头"，也要搞一些"小快灵"。山西积极推进"小切口、有特色"立法探索实践，在实践中探索前进，逐步走出了一条精细立法、精准立法的路子。平均每年新制定法规16件，其中调整事项相对单一的占到70%以上，通过"切小题目、切准特色、切细内容、切实措施"，注重解决突出问题，不搞"大而全""小而全"，立法工作呈现数量多、节奏快、效果好的特点。

立法支持改革促进转型取得新进展。制定一枚印章管审批、知识产权保护工作、外来投资促进、康养产业促进、农业生产托管服务等条例，审议社会信用条例草案，作出契税适用税率以及减免税事项的决定。其中，一枚印章管审批条例为改革量身定制，农业生产托管服务条例是全国首件。

惠民弘德立法持续加强。作出促进技能山西建设的决定，制定全民阅读促进条例，修订人口和计划生育条例。落实公共卫生法治保障三年立法计划，已完成修订动物防疫条例等6项任务。制定慈善事业促进条例，修正残疾人保障条例、老年人权益保障法实施办法，弘扬社会主义核心价值观。审议殡葬管理条例草案、燃气管理条例修订草案，修正警务辅助人员条例，为打造共建共治共享的社会治理格局提供支撑。

生态环保立法有力推进。制定固体废物污染环境防治条例，污染防治最为重要的大气、水、土壤、固废方面都有了专门的法规。制定禁止不可降解一次性塑料制品规定，修正水土保持法实施办法、森林法实施办法、森林公园条例、永久性生态公益林保护条例，织密绿色生产生活法治网。实施生态文明建设领域三年立法计划，湿地、泉域、湖泊保护立法取得新成果，沁河流域市市协同立法开创先河，其他流域协同立法稳步推进，齐心协力守护表里山河。

与此同时，围绕山西灿烂的传统文化、不朽的文化遗产，制定传统村落保护条例，构建古村落、山西省传统村落、中国传统村落、历史文化名城名镇名村的"金字塔"式保护格局；制定山西老陈醋保护条例，促进传统酿制技艺传承发展，保护好这块"活化石"，为传承文明、延续文化履职尽责。

台，加强立法工作规范化管理。有效发挥立法基地、立法专家库、立法联系点作用，科学立法、民主立法、依法立法水平明显提升。

司法能力持续提升。徒法不足以自行。良法需要贯彻落实，才能让好的制度落地生根。山西坚持司法为民、公正司法，不断深化政法领域改革，着力用改革破解难题。制定省委政法委员会工作规则、请示报告、政治轮训、执法监督"1+5"工作办法、防止干预司法"三个规定"执行情况监督办法、政法机关服务保障经济社会发展40条措施等配套制度，形成一整套贯彻落实的制度体系。构建了党委政法委执法监督"五查（察）联动"体系，乡镇（街道）政法委员和省市县乡村综治中心实现全覆盖，山西连续9年被评为平安建设（综治工作）先进省份，平安山西建设取得显著成效，创造了全省政治安全、社会安定、人民安宁的良好局面。

三、凝聚推动高质量发展的共识和力量

高质量发展，需要民主凝聚力量、法治提供保障。新的征程上，山西要高扬人民民主的光辉旗帜，弘扬社会主义法治精神，充分调动全省人民推动高质量发展的

积极性和创造性，形成三晋儿女心往一处想、劲往一处使的生动局面。

保证和支持人民当家作主

支持人大、政府、政协和监察机关、审判机关、检察机关依法依章程履行职能、开展工作。发挥好人民代表大会制度作为实现全过程人民民主的重要制度载体作用，统筹推动各级人大工作高质量发展，加强人大对"一府一委两院"的监督，密切人大代表同人民群众的联系，更好发挥人大代表作用，确保人民通过人民代表大会行使国家权力。发挥政协专门协商机构优势作用，推动人民团体协商、基层协商以及社会组织协商深入发展，把协商民主贯穿政治协商、民主监督、参政议政全过程，完善协商于决策之前和决策实施之中的落实机制，支持政协加强思想政治引领，围绕省委中心工作精准建言献策。健全基层党组织领导的基层群众自治制度，完善以职工代表大会为基本形式的企事业单位民主管理制度，实现党的领导、政府管理与基层民主的良性互动。

大同市平城区武定街道党工委成立党建联盟,联合辖区社会组织开展社区党建引领、技能培训活动。

全面推进法治山西建设

深化宪法学习宣传,保障宪法实施,维护宪法权威。坚持科学立法、民主立法、依法立法,加大"小切口"立法探索力度,提高立法质量和效率。加强法治政府建设,健全依法决策机制,持续推进综合行政执法改革,不断提升政府工作法治化、规范化、科学化水平。深化政法领域改革,加快推进执法司法责任体系建设,强化对执法司法活动的监督,努力让人民群众在每一个司法案件中感受到公平正义。加强规范性文件备案审查工作。落实"八五"普法规划,培养法治人才,不断提升公民法治意识和法治素养。开展法治山西、法治政府、法治社会一体建设试点工作。引导各级党组织和全体党员带头尊法学法守法用法,提高运用法治思维和法治方式深化改革、推动发展、化解矛盾、维护稳定、应对风险的能力。

巩固和发展爱国统一战线

深入实施"同心四大工程",进一步发挥新时代统一战线法宝作用,促进政党关系、民族关系、宗教关系、阶层关系、海内外同胞关系和谐。支持民主党派和无党派人士更好履职尽责,提升多党合作制度效能。以铸牢中华民族共同体意识为主线,深入开展民族团结进步创建,促进各民族交往交流交融,巩固和发展平等团结互助和谐的社会主义民族关系。全面贯彻党的宗教工作基本方针,坚持我国宗教中国化方向,坚持以"导"的态度对待宗教,依法加强宗教事务管理,积极引导宗教与社会主义社会相适应,巩固拓展宗教和顺、社会和谐的良好局面。加强党外知识分子和新的社会阶层人士统战工作。做好外事、侨务、港澳、对台和对口援疆等工作。

加强和改进党对群团组织的领导,支持工会、共青团、妇联等人民团体依法依章程独立自主开展工作,更好发挥党联系群众的桥梁纽带作用。加强国防动员和后备力量建设,深化国防动员体制改革,促进国防科技工业发展,做好国防教育、人民防空、双拥共建等工作,巩固发展军政军民团结良好局面。

第四章

三晋文脉绽芳华

——以文化强省建设不断增强人民群众精神力量

提质进位　再谱新篇

文章合为时而著，歌诗合为事而作。2021年12月14日，在中国文联十一大、中国作协十大开幕式上，习近平总书记深刻指出，文化兴则国家兴，文化强则民族强，要在培根铸魂上展现新担当，在守正创新上实现新作为，在明德修身上焕发新风貌。纵观人类文明史，一个国家、一个民族要实现强盛，既需要经济、科技、军事等硬实力做后盾，也需要思想、文化、道德、精神等软实力来支撑。

党的十八大以来，以习近平同志为核心的党中央坚持举旗帜、聚民心、育新人、兴文化、展形象，意识形态领域形势发生全局性、根本性转变，全党全国各族人民文化自信明显增强，全社会凝聚力和向心力极大提升，为新时代开创党和国家事业新局面提供了坚强思想保证和强大精神力量。

自信人生二百年，会当水击三千里。文化是根是魂，山西得天独厚的历史文化资源，是我们的自信之源。走在加快建设文化强省的大道上，吮吸着传统文化的深厚养分，感受着新时代的磅礴力量，必将能够用璀璨文化之光照亮高质量发展之路。

一、文化自信是更基础更广泛更深厚的自信

国民之魂，文以化之；国家之神，文以铸之。一个民族的繁衍生息，需要强大的精神支撑；一个国家的发展前行，离不开文化的滋润呵护。

新时代中国特色社会主义文化理论与制度

党的十八大以来，以习近平同志为核心的党中央深刻认识社会主义文化建设的规律，在科学总结我国文化建设实践经验的基础上，创造性地回答了中国特色社会主义文化建设中的一系列重要问题，形成了新时代中国特色社会主义文化理论，建立健全独具特色的文化制度，为建设社会主义文化强国提供了理论指南和制度保障。

新时代中国特色社会主义文化理论。这是马克思主义文化理论与中国实际相结合、与中华优秀传统文化相结合的产物，体现了中国共产党对中国特色社会主义文化建设的规律性认识，是中国特色社会主义理论体系的重要内容，是推动社会主义文化繁荣兴盛、建设社会主义文化强国的根本遵循。新时代中国特色社会主义文化理论主要包括关于坚持中国特色社会主义文化自信的理

论、关于发展中国特色社会主义文化的理论、关于建设社会主义文化强国的理论、关于中国特色社会主义文化建设目的的理论、关于培育和践行社会主义核心价值观的理论、关于进一步发扬革命精神的理论、关于坚持中华优秀传统文化创造性转化创造性发展的理论、关于提高国家文化软实力的理论。

新时代中国特色社会主义文化制度。主要是指现阶段国家通过宪法和法律等规范社会文化生活，调整以社会意识形态为核心的各种文化生活的基本原则和规则的总和。新时代中国特色社会主义文化制度主要包括坚持马克思主义在意识形态领域指导地位的根本制度，坚持以社会主义核心价值观引领文化建设制度，健全人民文化权益保障制度，完善坚持正确导向的舆论引导工作机制，建立健全社会效益放在首位、社会效益和经济效益相统一的文化创作生产体制机制。

巩固和发展社会主义意识形态

意识形态建设决定文化前进方向和发展道路，意识形态工作是为国家立心、为民族立魂的工作。能否做好意识形态工作，事关党的前途命运，事关国家长治久安，事关民族凝聚力和向心力。我国经济社会深刻变革、利益格局深刻调整，使意识形态领域局部多元多样多变的趋势日益明显，人们的思想更加活跃，独立性、选择性、多样性、差异性显著增强。我国是社会主义国家，马克思主义处于意识形态的指导地位，必须把意识形态工作领导权、话语权牢牢掌握在手中，不断巩固马克思主义在意识形态领域的指导地位，巩固全党全国人民团结奋斗的共同思想基础。

坚持马克思主义在意识形态领域指导地位的根本制度。习近平总书记指出，马克思主义犹如壮丽的日出，照亮了人类探索历史规律和寻求自身解放的道路。马克思主义是我们立党立国的根本指导思想，是我们党的灵魂和旗帜。坚持马克思主义在意识形态领域指导地位的根本制度，标志着我们党对社会主义文化建设规律的认识进入到一个新的境界。要推动全党全社会全面贯彻落实习近平新时代中国特色社会主义思想，切实把马克思主义指导地位贯彻到文化建设各方面，深入实施马克思主义理论研究和建设工程，加强和改进学校思想政治教育，落实意识形态工作责任制。

加快建设中国特色哲学社会科学。20世纪三四十年代，到延安去、凝聚在中国共产党的旗帜下，成为一批又一批知识分子自觉的选择。"一卷书雄百万兵"，年轻的艾思奇撰写《大众哲学》一书，通俗生动阐释马克思主义基本原理，鼓舞众多青年走上通往延安的革命道路。人类社会每一次重大跃进，人类文明每一次重大发展，都离不开哲学社会科学的知识变革和思想先导。牢牢掌握意识形态工作领导权、巩固壮大社会主义意识形态，就必须大力加强和繁荣哲学社会科学。

培育担当民族复兴大任的时代新人。担当民族复兴大任的时代新人，"90后""00后"是先锋队、生力军。习近平总书记强调，党和国家的希望寄托在青年身上。进入新时代，世界正经历百年未有之大变局，实现中华民族伟大复兴正处于关键时期，越是接近目标，越是形势复杂，越是任务艰巨，越是需要具有崭新风貌、过硬素质的时代新人迎难而上、挺身而出。中国共产党顺应历史大势，提出培养担当民族复兴大任的时代新人，只有源源不断造就担当民族复兴大任的时代新人，中华民族才能够更好地把握今天、开创明天、赢得未来。

培育和践行社会主义核心价值观

人无精神不立，国无精神不强。唯有精神上站得住、站得稳，一个民族才能在历史洪流中屹立不倒、挺

第四章　三晋文脉绽芳华

立潮头。社会主义核心价值观犹如高高耸立的灯塔，指引着当代中国精神航船的前进方向。必须把坚持社会主义核心价值体系、培育和践行社会主义核心价值观作为凝魂聚气、强基固本的基础工程抓紧抓好。

当代中国精神的集中体现。 以倡导富强、民主、文明、和谐，倡导自由、平等、公正、法治，倡导爱国、敬业、诚信、友善为主要内容的社会主义核心价值观，凝结着全体中国人民共同的价值追求，是中华民族赖以维系的精神纽带，是当代中国精神的集中体现。只有持续培育和践行社会主义核心价值观，大力传承和延续中华民族思想精髓、精神基因、文化血脉，才能更好构筑中国精神、中国价值、中国力量。

强化教育引导、实践养成、制度保障。 培育和践行社会主义核心价值观，必须强化教育引导、实践养成、制度保障，并将社会主义核心价值观融入社会发展各方面，转化为人们的情感认同和行为习惯，让人们在日常生活中感知、领悟、培育、弘扬。教育引导是重要基础，实践养成是重要途径，健全机制是重要保障。

加强思想道德建设。 中国共产党历来重视思想道德建设，特别是党的十八大以来，以习近平同志为核心的党中央高度重视公民道德建设，立根塑魂、正本清源，

提质进位 再谱新篇

作出一系列重要部署,推动思想道德建设取得显著成效。同时也要清醒地看到,在国际国内形势深刻变化、我国经济社会深刻变革的大背景下,一些领域存在道德失范、诚信缺失现象比较突出等问题,必须采取更加有效的举措加以防范和解决。广泛开展理想信念教育、深入实施公民道德建设工程、加强和改进思想政治工作、推进新时代文明实践中心建设、注重青年的价值观教育等是加强思想道德建设的重要举措。

中华优秀传统文化的创造性转化和创新性发展

传承弘扬中华优秀传统文化,并不意味着守旧复古,回到过去。对绵延5000多年的中华文明,怎样才能

小学生走进太原市图书馆内的马克思书房,上了一堂别具意义的少年公开课。

既薪火相传、代代守护,同时又与时俱进、推陈出新,保持其生命力?习近平总书记鲜明提出了"创造性转化、创新性发展"的重要原则,成为我们党传承弘扬中华优秀传统文化的基本方针。

中华优秀传统文化是中华民族的精神命脉。习近平总书记指出,中华文化渗透到中国人的骨髓里,是文化的DNA。在中华民族形成和发展的过程中产生的各种思想文化,记载了中华民族在长期奋斗中开展的精神活动、进行的理性思维、创造的文化成果,反映了中华民族的精神追求,其中最核心的内容已经成为中华民族最基本的文化基因。中华优秀传统文化是我们民族的根和魂,是涵养社会主义核心价值观的重要源泉,是最深厚的文化软实力。

推动中华优秀传统文化创造性转化和创新性发展。创造性转化,就是要按照时代特点和要求,对那些至今仍有借鉴价值的内涵和陈旧的表现形式加以改造,赋予其新的时代内涵和现代表达形式,激活其生命力。创新性发展,就是要按照时代的新进步新进展,对中华优秀传统文化的内涵加以补充、拓展、完善,增强其影响力和感召力。要通过推动中华优秀传统文化创造性转化和创新性发展,让收藏在博物馆里的文物、陈列在广阔大

提质进位　再谱新篇

地上的遗产、书写在古籍里的文字都活起来，努力用中华民族创造的一切精神财富来以文化人、以文育人。

彰显中华优秀传统文化的影响力。文运同国运相牵，文脉同国脉相连。坚守中华文化立场，传承中华文化基因，我们才能在世界文化激荡中厚植根基、站稳脚跟。自觉赓续优秀传统文化，大力宣介优秀传统文化。习近平总书记强调，要向国际社会展示博大精深的中华文明，讲清楚中华文明的灿烂成就和对人类文明的重大贡献，让世界了解中国历史、了解中华民族精神，从而

利用3D打印技术等比复制的造像陈列在云冈研究院博物馆内，供参观者近距离感受石窟艺术魅力。

平定娘子关是长城上的著名关隘,有"天下第九关"之称。

不断加深对当今中国的认知和理解,营造良好国际舆论氛围。

建设社会主义文化强国

党的十九届五中全会通过的《中共中央关于制定国民经济和社会发展第十四个五年规划和二〇三五年远景目标的建议》明确提出到2035年建成文化强国的远景目标,并强调在"十四五"时期要推进社会主义文化强国建设。这是以习近平同志为核心的党中央基于历史和现实、着眼全局和长远作出的战略决策,标志着我国文化建设在"两个一百年"奋斗目标接续推进中进入了一个新的历史阶段。

坚定中国特色社会主义文化自信。中国特色社会主义文化，源自于中华民族五千多年文明历史所孕育的中华优秀传统文化，熔铸于党领导人民在革命、建设、改革中创造的革命文化和社会主义先进文化，植根于中国特色社会主义伟大实践。其中蕴涵着文化自信的充足底气，彰显着文化自信的充分理由，既是我们安身立命的根基，也是我们在世界文化激荡中站稳脚跟的定海神针。

不断繁荣发展社会主义文艺。文艺是时代前进的号角，最能代表一个时代的风貌，最能引领一个时代的风气。任何一个时代的经典文艺作品，都是那个时代社会生活和精神的写照，都具有那个时代的烙印和特征。中国特色社会主义新时代为繁荣发展社会主义文艺提供强大动力和广阔空间，也提出了新的更高要求。必须坚持以人民为中心的创作导向，努力创造无愧于伟大民族伟大时代的优秀作品，尊重和遵循文艺规律，加强文艺队伍建设。

推动文化事业和文化产业发展。发展文化事业和文化产业，是新时代满足人民日益增长的美好生活需要的必然要求，也是激发全民族文化创新创造活力、推动文化繁荣兴盛的题中应有之义。必须坚持以改革促发展、促繁荣，坚定深化文化体制改革。推动新时代中国特色社会主义文化事业和文化产业繁荣发展。

构建具有鲜明中国特色的战略传播体系。党的十八大以来，我们大力推动国际传播守正创新，理顺内宣外宣体制，打造具有国际影响力的媒体集群，积极推动中华文化走出去，有效开展国际舆论引导和舆论斗争，初步构建起多主体、立体式的大外宣格局，我国国际话语权和影响力显著提升，同时也面临着新的形势和任务。必须加强顶层设计和研究布局，构建具有鲜明中国特色的战略传播体系，着力提高国际传播影响力、中华文化感召力、中国形象亲和力、中国话语说服力、国际舆论引导力。

二、山西得天独厚的历史文化资源是我们的自信之源

三晋大地，表里山河，素有"中国古代文化博物馆"之称。五千年华夏文明绵延不绝，在这里留下无数珍贵印记。遍布全省的历史文化遗产、古建遗存独步华夏，雄关隘口星罗棋布，晋商传奇闻名中外，红色基因薪火相传。习近平总书记五年来三次亲临山西考察调研，对山西红色文化弘扬、优秀传统文化传承和历史文物遗产保护等作出重要指示，体现了人民领袖一以贯之热爱文化、珍惜文化的深沉情怀。

提质进位　再谱新篇

大力弘扬和传承山西红色文化

2009年5月，习近平同志来山西调研时，专程瞻仰了八路军太行纪念馆并指出，英雄的山西人民为夺取抗日战争的胜利，用鲜血和生命铸就了不怕牺牲、不畏艰难，百折不挠、艰苦奋斗，万众一心、敢于胜利，英勇斗争、无私奉献的太行精神，并强调结合新的实际与时俱进地大力弘扬太行精神，坚定正确的理想信念，始终保持对党对人民对事业的忠诚；坚持执政为民的政治立场，始终保持同人民群众的密切联系；锤炼坚韧不拔、百折不挠的品格，始终保持知难而进、奋发有为的精神状态；坚守党的政治本色，始终保持艰苦奋斗的优良作风，为推动经济社会又好又快发展提供强大精神动力。

2017年6月，习近平总书记来山西视察的第一站便是来到兴县蔡家崖村，向晋绥边区革命烈士敬献花篮，瞻仰晋绥边区革命纪念馆，参观晋绥边区政府、晋绥军区司令部旧址。一幅幅图片、一件件实物，展现了我们党领导人民开展革命斗争的情景。习近平总书记指出，我们党的每一段革命历史，都是一部理想信念的生动教材。全党同志一定要不忘初心、继续前进，永远铭记为民族独立、人民解放抛头颅洒热血的革命先辈,永远保持中国共产党人的奋斗精神,永远保持对人民的赤子之心,努力为人民创造更美好、更幸福的生活。革命战争年代,吕梁儿女用鲜血和生命铸就了伟大的吕梁精神。我们要把这种精神用在当今时代,继续为老百姓过上幸福生活、为中华民族伟大复兴而奋斗。

2020年5月,习近平总书记在山西视察时进一步指出,山西也是具有光荣革命传统的地方,是八路军总

· 延伸阅读 ·

山西省公布首批省级红色文化遗址名录

2021年11月2日,山西省人民政府《关于核定公布第一批省级红色文化遗址名录的通知》公布。根据《山西省红色文化遗址保护利用条例》有关规定,省人民政府核定中共太原支部旧址(彭真生平暨中共太原支部旧址纪念馆)等191处山西省第一批省级红色文化遗址名录。

首批省级红色文化遗址名录中涵盖了太原市中共太原支部旧址(彭真生平暨中共太原支部旧址纪念馆)、山西国民师范革命活动旧址等13处;大同市白求恩特种外科医院旧址、平型关大捷纪念馆等8处;朔州市中共右玉县委旧址、李林烈士陵园等5处;忻州市神池县毛主席路居馆、百团大战康家会战斗遗址等13处;晋中市八路军前方总部旧址、八路军129师司令部旧址等19处;阳泉市百团大战纪念馆(碑)、阳泉市革命烈士纪念馆等4处;吕梁市临县中央后委机关旧址、刘胡兰纪念馆等37处;长治市八路军总部办事处故县旧址、八路军太行纪念馆等62处;晋城市晋冀鲁豫野战军十二纵队整军地旧址、赵树理故居等8处;临汾市小李村太岳行署旧址、决死二纵队司令部义泉村旧址等13处;运城市河东特委革命活动旧址、中共太岳三地委陈家庄旧址等8处;忻州大同共有1处——忻州市繁峙县、大同市灵丘县平型关战役遗址。

部所在地，是抗日战争主战场之一，建立了晋绥、晋察冀、晋冀鲁豫抗日根据地，平型关大捷、百团大战等闻名中外，太行精神、吕梁精神是我们党宝贵的精神财富。这些都要充分挖掘和利用，以丰富多彩的历史文化、红色文化资源为山西发展提供精神力量。

深入挖掘和传承优秀传统文化

2017年6月，习近平总书记在山西视察时指出，山西廉政文化资源丰富，要重视做好包括于成龙、裴氏家训等在内的廉政文化资源挖掘弘扬工作，用以涵养党内政治文化。

吕梁市兴县晋绥边区革命纪念馆

第四章 三晋文脉绽芳华

2020年5月,习近平总书记在山西视察时指出,要坚持不懈开展社会主义核心价值观宣传教育,深入挖掘优秀传统文化,引导广大干部群众提升道德情操、树立良好风尚、增强文化自信。要深入挖掘尧舜德孝文化、关公忠义文化、能吏廉政文化、晋商诚信文化等优秀传统文化。

· 延伸阅读 ·

山西拥有众多灿烂的历史文化遗产和红色文化资源。据第3次文物普查结果显示,全省有不可移动文物53875处,其中国保单位531处,普查可移动文物320余万件/套,是名副其实的文物资源大省。这些得天独厚、丰富多彩的文物遗存,不仅是历史长河中宝贵的文明财富,也为山西省可持续发展注入了新的活力。

2022年1月,习近平总书记在山西考察调研。在日昇昌票号博物馆,习近平总书记了解晋商文化和晋商精神的孕育、发展等情况,强调要坚定文化自信,深入挖掘晋商文化内涵,更好弘扬中华优秀传统文化,更好服务经济社会发展和人民高品质生活。习近平总书记还走进平遥牛肉店、推光漆器店、东湖老醋坊,了解当地文化遗产保护和开展特色经营情况,指出要做优秀传统文化传承者,保护好推光漆器等文化瑰宝,把富有民族特色的传统文化产业发扬光大、推向世界。

精心保护和利用历史文化遗产

2020年5月,习近平总书记来到云冈石窟考察。云

提质进位 再谱新篇

冈石窟始建于1500多年前，是中外文化、中国少数民族文化和中原文化、佛教艺术与石刻艺术相融合的一座文化艺术宝库。习近平总书记仔细察看雕塑、壁画，不时向工作人员询问石窟历史文化遗产保护等情况。习近平总书记强调云冈石窟是世界文化遗产，保护好云冈石窟，不仅具有中国意义，而且具有世界意义。历史文化遗产是不可再生、不可替代的宝贵资源，要始终把保护放在第一位。发展旅游要以保护为前提，不能过度商业化，让旅游成为人们感悟中华文化、增强文化自信的过程。要深入挖掘云冈石窟蕴含的各民族交往交流交融的历史内涵，增强中华民族共同体意识。

2022年1月27日，习近平总书记来到平遥古城，自迎薰门步行入城，登上城墙俯瞰全貌，随后乘车来

平遥推光漆工艺制作的嫁妆盒美轮美奂。

第四章 三晋文脉绽芳华

到平遥县署，听取古城历史沿革、建筑布局、文化遗产保护传承等情况汇报。平遥古城被列入世界文化遗产名录，是中国保存最为完整的古城之一。习近平总书记指出，历史文化遗产承载着中华民族的基因和血脉，不仅属于我们这一代人，也属于子孙万代。要敬畏历史、敬畏文化、敬畏生态，全面保护好历史文化遗产，统筹好旅游发展、特色经营、古城保护，筑牢文物安全底线，守护好前人留给我们的宝贵财富。

三、用璀璨文化之光照亮高质量发展之路

山西得天独厚的历史文化资源，是我们的自信之源。要坚持社会主义先进文化发展方向，增强文化自信，深挖文化富矿，统筹推进以文化人、以文惠民、以文兴业，加快建设新时代文化强省，推动文化高质量发展。

以文化人，为全方位推动高质量发展提供精神动力

高擎思想旗帜，夯实理论之基。知之深、信之笃、行之实。近年来，山西坚持把学习宣传贯彻习近平新时代中国特色社会主义思想作为首要政治任务，在学懂弄通做实上持续用力。开展重大主题宣讲和基层理论

宣讲等活动，成立山西省英烈英模家属宣讲团，走遍了全省11个市，走进了机关、企业、学校，引起了强烈反响。宣讲团成员中，有76岁的白发老人，有20岁出头的年轻人，让英烈英模们的信仰之美、使命之重、英雄之气、崇高之志，在亲人的讲述中闪耀三晋大地，让新时代党的创新理论更加深入人心。利用山西日报《学习周刊》、山西广播电视台《理论天天学》等阵地，准确阐释重大理论重大政策，推动党的创新理论飞入寻常百姓家，指引三晋儿女奋勇前行。

讲好山西故事，传播山西声音。讲好山西积极驰援外省、齐心协力抗疫的故事，展现能源大省担当、全力做好能源保供的故事，应对最强秋汛、迅速恢复重建的故事，优化区域布局、推进太忻一体化经济区建设的故事，深化转型综改、协同推进产业转型"两个方面"的故事等"五个故事"。注重传播手段和话语方式创新，推动"山西发布"两微平台加入"中国发布"融媒体传播矩阵，加强外宣工作基础建设，用好《中国日报·发现山西》专版、山西广播电视台全英文新闻资讯节目《发现山西》等，构建完善网上网下一体、内宣外宣联动的主流舆论格局。全方位宣传山西的悠久历史、厚重文化、壮美山河，宣传山西的光荣革命传统和红色基

第四章 三晋文脉绽芳华

因,宣传党领导山西人民创造的百年巨变、全方位高质量发展取得的新成效,提升"山西故事"的吸引力、感召力、影响力,让山西声音更响亮。

以文惠民,为人民群众提供更多更好的精神食粮

核心价值观建设路径更优化。贯彻落实《新时代公民道德建设实施纲要》,为更好推动全社会形成适应新时代要求的思想观念、精神风貌、文明风尚、行为习惯提供制度保障。贯彻落实《关于新时代加强和改进思想政治工作的意见》,抓好农村、青少年、科技工作者等领域和群体工作,持续做好领导干部上讲台讲思政课工作。充分发挥重点工程、品牌项目的牵引带动作用,统筹推进公民道德建设工程、精神文明创建工程和传统节日振兴工程,推动社会主义核心价值观在实践中落细落小落实、内化于心、外化于行。

公民道德建设载体更丰富。用好建好爱国主义教育示范基地,开展"弘扬爱国奋斗精神、建功立业新时

· 延伸阅读 ·

中国共产党人的精神谱系

2021年7月1日,习近平总书记在庆祝中国共产党成立100周年大会上概括提出伟大建党精神:坚持真理、坚守理想,践行初心、担当使命,不怕牺牲、英勇斗争,对党忠诚、不负人民。100年来,党以伟大建党精神为源头,构筑起了中国共产党人的精神谱系。山西人民在党的领导下,为我国革命、建设、改革作出了重要贡献,太行精神、吕梁精神入选党中央批准的中国共产党人精神谱系第一批伟大精神。

代""节日里的爱国主义教育"等活动，持续开展青少年爱国主义教育读书活动，大力弘扬伟大建党精神，大力弘扬太行精神、吕梁精神，讲好新时代楷模等英雄模范的感人事迹。开展"志愿山西""诚信山西"品牌实践，加强和改进未成年人思想道德建设，持续推动网络文明建设。全国道德模范、时代楷模等先进典型持续涌现，带动三晋大地好人好事层出不穷，善行义举蔚然成风。

精神文明创建模式更多元。出台《关于拓展新时代文明实践中心建设的实施方案》，推动新时代文明实践中心建设提质扩面，以县域为整体，推动新时代文明实践中心由试点探索转为全面展开，由试点县（市、区）向全省范围的县级行政区全面覆盖。扎实开展群众性精神文明创建活动，持续做好文明城市、文明村镇、文明单位、文明家庭、文明校园的评选表彰工作，倡导树文明新风、做文明市民，大力推进农村移风易俗，推动形成文明乡风、良好家风、淳朴民风。

公共文化服务水平更提升。实施文化惠民工程，常态化开展"五个一批"工程及农村公益电影放映、全民阅读、农家书屋等工程，办好山西艺术节、左权民歌汇等群众性文化活动，加强重大公共文化工程和文化项目建设，推动公共文化数字化建设，提高公共设施免费开放水平。

第四章　三晋文脉绽芳华

聚焦城乡文化发展不平衡、农村文化发展不充分问题，推进城乡公共文化服务体系一体建设，把更多文化资源向基层投放、向困难群体倾斜，提高基本公共文化服务的覆盖面和适用性，促进城乡文化协调发展、共同繁荣。

以文兴业，以现代文化产业赋能高质量转型发展

着力打造文艺精品力作。坚持以精品奉献人民，创作推出话剧《于成龙》等一批思想精深、艺术精湛、制作精良的优秀作品。舞蹈史诗《天下大同》、舞剧《刘胡兰》入选中宣部"庆祝中国共产党成立100周年优秀舞台艺术作品展演"。晋剧《傅山进京》、京剧《文明太后》、音乐《表里山河》等6部作品入选文旅部"庆祝中国共产党成立100周年舞台艺术精品创作工程"。京剧戏歌《表里山河》被中国音协评为"庆祝中国共产党成立100周年'百年百首'全国优秀新创歌曲"，唱响海内外，新媒体阅读量突破亿次。再现北魏民族融合改革创新重要历史的原创歌舞剧《北魏长歌》参演第六届全国少数民族文艺会演，获优秀剧目奖。

着力推动优秀文化传承发展。坚持保护第一，以更高站位、更大力度加强文物和非物质文化遗产保护和

复兴路上,国宝归来。图为从日本回到祖国的天龙山石窟第8窟北壁主尊佛首。

利用工作，推进长城、黄河国家文化公园（山西段）建设，开展重大考古研究和"云冈学"研究，守住优秀传统文化根脉。推进陶寺遗址和晋国博物馆展陈质量提升工作。出台《文物全科人才免费定向培养实施办法》，创造性地提出文物全科人才培养模式，在全国范围内尚属首次。坚持在发展中保护、在保护中发展，挖掘山西文化底蕴，推动尧舜德孝、关公忠义、能吏廉政、晋商诚信等优秀传统文化创造性转化、创新性发展，统筹好旅游发展、特色经营、文物保护，打造中国文化传承弘扬展示示范区。太行精神、吕梁精神入选党中央批准的中国共产党人精神谱系第一批伟大精神。

着力健全现代文化产业体系。深化文化体制改革，完善山西文化产业规划和政策，制定国有文化企业深化改革加快发展的行动方案，健全完善以投资决策监管、风险管控等为重点的国有文资监管机制。顺应数字产业化和产业数字化发展趋势，推动文化产业全面转型升级，加快发展新型文化企业、文化业态、文化消费模式，改造提升传统文化业态，提高质量效益和核心竞争力。文旅融合持续深化，促进"文旅+""+文旅"，举办旅发大会、康养大会，打响山西文旅康养品牌。

第五章

一枝一叶总关情

——带领人民群众创造高品质生活

提质进位　再谱新篇

稻米流脂粟米白，公私仓廪俱丰实。2022年2月22日，中共中央、国务院发布了《关于做好2022年全面推进乡村振兴重点工作的意见》。这是21世纪以来第19个指导"三农"工作的中央一号文件，聚焦牢牢守住保障国家粮食安全和不发生规模性返贫两条底线，扎实有序做好乡村发展、乡村建设、乡村治理等重点工作，确保农业稳产增产、农民稳步增收、农村稳定安宁。

民之所忧，我必念之；民之所盼，我必行之。党的十八大以来，以习近平同志为核心的党中央团结带领全国人民坚决打赢脱贫攻坚战，彻底解决绝对贫困问题，创造了人类减贫史上的奇迹；决胜全面建成小康社会，使中华民族千年夙愿梦想成真；奋力推进全面深化改革，让发展成果更多更公平地惠及全体人民……我国社会建设全面加强，人民获得感、幸福感、安全感显著增强。

让老百姓过上好日子是山西全方位推动高质量发展的根本目的。山西坚持以人民为中心的发展思想，持续保障和改善民生，确保民生投入只增不减、惠民力度只强不弱、惠民实事只多不少，用心用情用力解决群众关心的就业、教育、社保、医疗、住房、养老等民生大事，让民生服务更有温度，让民生福祉更有质感，让百姓底气更足、笑脸更多、生活品质更高。

第五章　一枝一叶总关情

一、民生是最大的政治

天下之大，莫大于民心；天下之重，莫重于民生。民生是人民幸福之基、社会和谐之本。党的十八大以来，以习近平同志为核心的党中央高度重视民生工作，提出一系列新理念、新部署、新要求，立意高远，内涵丰富，思想深刻，饱含着人民领袖对人民的真挚情怀，映照出百年大党对人民的赤子之心，为我国新时代开展各项民生保障工作提供了根本遵循。

吕梁市柳林县英杰中学的学生到田间地头参与劳动。

坚持就业优先战略和积极就业政策

就业乃民生之本。习近平总书记强调,就业是最大的民生工程、民心工程、根基工程,是社会稳定的重要保障,必须抓紧抓实抓好。要坚持就业优先战略和积极就业政策,把解决人民群众就业问题放在更加突出的位置,努力创造更多就业岗位,积极挖掘各行业尤其是新业态、新模式带来的就业新潜力。大规模开展职业技能培训,注重解决结构性就业矛盾,鼓励创业带动就业。提供全方位公共就业服务,促进高校毕业生等青年群体、农民工多渠道就业创业。面对疫情影响下的新形势、新情况、新变化,全面强化稳就业措施,实施好就业优先政策,根据就业形势变化调整政策力度,减负、稳岗、扩就业并举,推动实现更加充分、更高质量就业。

就业稳则人心定、社会稳、国家安。我国坚持将就业优先政策置于宏观政策层面,强化各方面重视就业、支持就业的导向。做好"六稳"工作,落实"六保"任务,就业都排在首位。作为全球第二大经济体,我国拥有庞大的国内市场和完备的产业体系,就业空间广、潜力足。近年来,我国每年的城镇新增就业人数均超过

第五章　一枝一叶总关情

2022年应往届毕业生大型招聘会在省城太原人才大市场举办。

1100万，即便是在遭受新冠肺炎疫情冲击的2020年，城镇新增就业仍达到1186万人，2021年则达到1269万人。就业形势保持总体稳定、好于预期，不仅为稳增长提供了有力保障，也为经济社会发展奠定了坚实基础。

坚持中国特色社会主义教育发展道路

习近平总书记曾引用"敬教劝学，建国之大本；兴贤育才，为政之先务"来阐述教育的重要意义。教育兴则国家兴，教育强则国家强。教育是民族振兴、社会进步的重要基石，是功在当代、利在千秋的德政工程，对提高人民综合素质、促进人的全面发展、增强中华民族创新创造活力、实现中华民族伟大复兴具有决定性意义。

提质进位　再谱新篇

· 知识链接 ·

九个坚持：
◎ 坚持党对教育事业的全面领导
◎ 坚持把立德树人作为根本任务
◎ 坚持优先发展教育事业
◎ 坚持社会主义办学方向
◎ 坚持扎根中国大地办教育
◎ 坚持以人民为中心发展教育
◎ 坚持深化教育改革创新
◎ 坚持把服务中华民族伟大复兴作为教育的重要使命
◎ 坚持把教师队伍建设作为基础工作

六个下功夫：
◎ 要在坚定理想信念上下功夫
◎ 要在厚植爱国主义情怀上下功夫
◎ 要在加强品德修养上下功夫
◎ 要在增长知识见识上下功夫
◎ 要在培养奋斗精神上下功夫
◎ 要在增强综合素质上下功夫

2018年9月10日，习近平总书记在全国教育大会上指出，全面贯彻党的教育方针，立足基本国情，遵循教育规律，坚持改革创新，牢牢把握教育改革发展的"九个坚持"，以凝聚人心、完善人格、开发人力、培育人才、造福人民为工作目标，围绕"六个下功夫"，培养德智体美劳全面发展的社会主义建设者和接班人，加快教育高质量发展，推进教育现代化、建设教育强国、办好人民满意的教育。坚持把优先发展教育事业作为推动党和国家各项事业发展的重要先手棋，不断使教育同党和国家事业发展要求相适应、同人民群众期待相契合、同我国综合国力和国际地位相匹配。

今天的修枝固本，正是为了明天的繁茂兴旺。以习近平总书记关于教育的重要论述为指导，我国教育工作成效显著，落实立德树人根本任务向纵深推进，人民群众教育急难愁盼加快破解，服务支撑国家战略有力有效，教育高质量发展的保障条件得到提升，党的领导和党的建设切实加强。习近平总书记关于教育的重要论述有效转化为教育发展导向、政策举措和工作方法。2021年，教育部党组将"双减"作为教育工作"一号工程"，持续巩固发展更加公平而有质量的基础教育，大力推进义务教育优质均衡发展。调查显示，85%的家长对学校课后服务表示满意，72%的家长反映教育焦虑有所缓解，90%以上学生表示学业负担有所减轻。

· 知识链接 ·

什么是"双减"？

即减轻义务教育阶段学生作业负担、减轻校外培训负担。2021年7月，中共中央办公厅、国务院办公厅印发了《关于进一步减轻义务教育阶段学生作业负担和校外培训负担的意见》，教育部党组将其作为"一号工程"。

为什么要"双减"？

事关立德树人根本任务。学生学业负担过重是个顽瘴痼疾，学生苦不堪言，严重影响到学生的德智体美劳全面发展和健康成长。

事关国家教育体系根基。培训行业野蛮生长，形成了另外一个教育体系，功利主义倾向严重，扰乱学校正常教育教学秩序，对学校教育体系产生强力冲击。

事关人民群众小康生活成色。培训机构炒作渲染焦虑，裹挟全社会被动参与，收取高额费用，严重降低人民群众教育获得感、幸福感、安全感。

把保障人民健康放在优先发展的战略位置

人民健康是民族昌盛和国家富强的重要标志。习近平总书记强调，要把人民健康放在优先发展战略地位，努

提质进位　再谱新篇

力全方位全周期保障人民健康。坚决贯彻预防为主的卫生与健康工作方针，坚持提高医疗卫生服务质量和水平，深化医药卫生体制改革，加快建立完善制度体系，保障公共卫生安全，加快形成有利于健康的生活方式、生产方式、经济社会发展模式和治理模式，实现健康和经济社会良性协调发展。

在新冠肺炎疫情突然爆发的危急时刻，以习近平同志为核心的党中央发出"人民至上、生命至上"的最强音，把人民群众生命安全和身体健康放在第一位，为打

太原市小店区工作人员正在给居民发放免费水果。

赢疫情防控的人民战争、总体战、阻击战指明方向，彰显了大党大国领袖的人民情怀。疫情常态化防控以来，党中央确定了"外防输入、内防反弹"总策略、"动态清零"总方针，坚持常态化精准防控和局部应急处置有机结合，高效做好统筹疫情防控和经济社会发展工作，慎终如始做好常态化疫情防控，最大程度保护人民生命安全和身体健康，最大限度减少疫情对经济社会发展的影响。

推动社会保障事业高质量发展

社会保障发挥着社会稳定器作用，是治国安邦的大问题。习近平总书记指出，要在推动社会保障事业高质量发展上持续用力，增强制度的统一性和规范性，发展多层次、多支柱养老保险体系，把更多人纳入社会保障体系。要健全灵活就业人员社保制度，扩大失业、工伤、生育保险的覆盖面，实现制度安排更加公平，覆盖范围更加广泛，为人民生活安康托底。要健全社会保障基金监管体系，守护好人民群众的每一分"养老钱""保命钱"。要深化社会救助制度改革，形成以基本生活救助、专项社会救助、急难社会救助为主体，社会力量参与为补充，覆盖全面、分层分类、综合高效的

提质进位 再谱新篇

社会救助格局,进一步织密社会保障安全网。

党的十八大以来,在党中央坚强领导下,我国社会保障体系建设进入快车道,以社会保险为主体,包括社会救助、社会福利、社会优抚等制度在内,功能完备的社会保障体系基本建成,是当前世界上规模最大的社会保障体系,走出了一条中国特色社会保障之路。截至2021年底,全国基本养老、失业、工伤保险参保人数分别为10.3亿、2.3亿、2.8亿,为人民创造美好生活奠定了坚实基础。我国在社会保障方面取得的成就得到国际社会高度评价,中国政府被国际社会保障协会授予"社

太原市社区养老产业孵化园,工作人员正在介绍社区居家养老配餐服务。

会保障杰出成就奖"。

加强和创新社会治理

国之兴衰系于制,民之安乐皆由治。社会治理是国家治理的重要领域,社会治理现代化是国家治理体系和治理能力现代化不可或缺的重要内容。习近平总书记指出,要坚定不移走中国特色社会主义社会治理之路,善于把党的领导和我国社会主义制度优势转化为社会治理优势,打造共建共治共享的社会治理格局。着力推进社会治理系统化、科学化、智能化、法治化,善于运用先进的理念、科学的态度、专业的方法、精细的标准提升社会治理效能。同时要树立法治思维、发挥德治作用,努力实现法安天下、德润人心。不断完善中国特色社会主义社会治理体系,确保人民安居乐业、社会安定有序、国家长治久安。

党的十八大以来,在以习近平同志为核心的党中央坚强领导下,我国社会治理体系不断完善,社会安全稳定形势持续向好,广大人民群众的安全感和满意度不断增强,共建共治共享的社会治理制度进一步完善,我国社会治理水平迈上新台阶。大河奔涌,有缓流也有急流;制度优势,在平时更在战时。特别是在全球抗击新

提质进位 再谱新篇

冠肺炎疫情斗争中,"中国之治"与"西方之乱"形成鲜明对比。实践充分证明,中国特色社会主义社会治理之路,是我国社会治理成就和经验的集中体现,是符合中国社会发展实际、保障人民根本福祉的正确道路。

加快推进农业农村现代化

农,天下之本,务莫大焉。农业农村农民问题是关系国计民生的根本性问题。全面建设社会主义现代化国家,实现中华民族伟大复兴,最艰巨最繁重的任务依然在农村,最广泛最深厚的基础依然在农村。稳住农业基本盘、守好"三农"基础是应变局、开新局的压舱石。习近平总书记指出,必须着眼国家战略需要,稳住农业基本盘、做好"三农"工作,措施要硬,执行力要强,确保稳产保供,确保农业农村稳定发展。习近平总书记强调,乡村振兴的前提是巩固脱贫攻坚成果,要持续抓紧抓好,让脱贫群众生活更上一层楼。要持续推动同乡村振兴战略有机衔接,确保不发生规模性返贫,切实维护和巩固脱贫攻坚战的伟大成就。

党的十八大以来,以习近平同志为核心的党中央坚持把解决好"三农"问题作为全党工作的重中之重,组织推进人类历史上规模空前、力度最大、惠及人口最多的脱贫攻坚战,启动实施乡村振兴战略,推动农业农村取得历史性成就、发生历史性变革。我国粮食产量连续7年稳定在0.65万亿公斤以上,实现历史性的"十八连丰"。农民收入大幅增长,2021年农民人均可支配收入达到18931元,较2012年翻了一番,城乡居民人均可支配收入比值为2.5,城乡居民收入差距进一步缩小。

二、不断提升山西人民的获得感、幸福感、安全感

但愿苍生俱饱暖,不辞辛苦出山林。党的十八大以来,习近平总书记五年三次亲临山西考察调研,听民声、察民情、汇民智、解民忧,始终把人民群众安危冷暖放在心上,充分体现了党的领袖对老区人民的深切关怀,充分体现了党中央对山西工作的高度关注。

在推进农业农村现代化中越走越有奔头

务农重本,国之大纲。习近平总书记曾在不同场合多次谈起他念兹在兹的"农村情结"。习近平总书记每次来到山西都要走农村、看农业、访农户,为山西农业农村发展把脉定向和精准指导,推动山西"三农"工作

提质进位 再谱新篇

运城市临猗县北景乡苹果喜获丰收。

行稳致远。

啃下深度贫困硬骨头。脱贫攻坚是一场硬仗，而深度贫困地区是脱贫攻坚的"重中之重，坚中之坚"。2017年6月，习近平总书记在山西视察，辗转奔波来到吕梁山深处的赵家洼村，调研深度贫困地区脱贫攻坚大计，发出啃下深度贫困硬骨头的号令。在太原市主持召开深度贫困地区脱贫攻坚座谈会时，习近平总书记指出，党的十八大以来，党中央把贫困人口脱贫作为全面建成小康社会的底线任务和标志性指标，在全国范围全面打响了脱贫攻坚战。习近平总书记强调深度贫困地区是脱贫攻坚的坚中之坚，要全面把握深度贫困的主要成因，围绕加大力度推进深度贫困地区脱贫攻坚，提出

第五章 一枝一叶总关情

"合理确定脱贫目标""集中优势兵力打攻坚战"等具体要求。

持续巩固脱贫攻坚成果。 2020年5月，习近平总书记在山西视察，深入西坪镇坊城新村。在搬迁户白高山家，习近平总书记察看了院落、客厅、厨房、卫生间等，并同一家人坐在炕沿儿上拉家常。习近平总书记指出，共产党一心一意为人民谋幸福，现在不但不收提留、不收税、不收费、不交粮，而是给贫困群众建房子、教技能、找致富门路，并嘱托乡亲们在脱贫后，要巩固脱贫、防止返贫，确保乡亲们持续增收致富。

把巩固脱贫攻坚成果和乡村振兴衔接好。 2022年春节前夕，习近平总书记到山西考察调研，走访受灾群众，察看灾后重建，重点了解巩固拓展脱贫攻坚成果、接续推进乡村振兴等情况，温暖人心，传递信心。在临汾市汾西县僧念镇段村文化广场，习近平总书记对乡亲们说，我们如期打赢了脱贫攻坚战，如期实现了全面建成小康社会目标，现在踏上了全面建设社会主义现代化国家新征程。建设现代化国家离不开农业农村现代化，要继续巩固脱贫攻坚成果，扎实推进乡村振兴，让群众生活更上一层楼，在推进农业农村现代化中越走越有奔头。

坚持农业"特""优"发展

民族要复兴,乡村必振兴。乡村要振兴,因地制宜选择富民产业是关键。产业兴旺是解决农村一切问题的前提。产业兴则百姓富,只有发展壮大乡村产业,农民收入才能稳定增长。三次山西之行,习近平总书记都要走农村、看农业、访农户,关心过问当地的助农富农产业。

在岢岚县赵家洼村的玉米田,习近平总书记察看抗旱保墒措施。关于扎实做好"三农"工作,习近平总书记指出,农业还是"四化同步"的短腿,农村还是全面建成小康社会的短板,要紧紧扭住发展现代农业、增加农民收入、建设社会主义新农村三大任务。指出山西要立足优势,扬长避短,突出"特"字,发展现代特色农业。

在大同市云州区西坪万亩黄花片区,习近平总书记嘱托乡亲们要把黄花产业保护好、发展好,让黄花成为乡亲们的"致富花",走出"小黄花、大产业"的富民路,让老百姓过上更加富裕美好的新生活。强调山西农业的出路在于"特"和"优",要以构建现代农业产业体系、生产体系、经营体系为抓手,加快推进农业现代化；要通过发展现代农业、提升农村经济、增强农民工务工技能、强化农业支持政策、拓展基本公共服务、提高农民进入市场的组织化程度，多途径增加农民收入。为破解山西农业农村现代化的历史性命题指明了前进方向。

在汾西县僧念镇段村，这个属原吕梁山区集中连片特困地区的小村子，通过发展种植、养殖、林果、光伏等多元化富民产业，摘掉了贫困村的帽子。2021年全村农民人均可支配收入达到1.2万元。习近平总书记充分肯定了段村产业致富的好路子，并强调共产党就是给人民办事的，就是要让人民的生活一天天好起来，一年比一年过得好。让人民群众过上幸福生活，是我们党百年来的执着追求，我们要不忘初心、牢记使命，一代接着一代干。

大同黄花成为当地农民脱贫致富和乡村振兴的重要产业。

提质进位　再谱新篇

坚决守好疫情防控山西阵地

在全球新冠肺炎疫情持续大流行的背景下，国内疫情防控形势严峻复杂。习近平总书记在考察调研期间对疫情防控提出具体工作要求，为山西慎终如始抓好常态化疫情防控工作提供了根本遵循。

2020年5月，习近平总书记在山西视察时，针对统筹推进常态化疫情防控和经济社会发展工作的形势任务，强调要绷紧疫情防控这根弦，坚持外防输入、内防反弹，完善常态化防控机制，要加快补齐这次疫情暴露出的公共卫生体系方面的短板弱项，要更加及时有效解决企业恢复生产经营面临的各种困难和问题。

2022年1月，针对新冠肺炎疫情防控新的形势，习近平总书记再次强调，当前全球疫情仍在扩散并呈现新的特点，新型变异毒株传播快、传染力强，加上冬季各类传染性疾病高发，防控风险增大。各级党委和政府要始终绷紧疫情防控这根弦，坚持以预防为主，持续抓紧抓实抓细外防输入、内防反弹工作，提高防控的科学性、精准性。群众就医、供应、通行等方面也要全面跟上，保障好人民生命安全和基本生活需要。

第五章 一枝一叶总关情

把安全生产工作抓紧抓牢

人民至上、生命至上。安全生产事关人民福祉，事关经济社会发展大局，是不可逾越的红线、底线、生命线。习近平总书记在山西考察调研期间，深入山西瑞光热电有限责任公司，向现场技术人员了解企业加强节能减排、提高生产效率和安全生产保障等情况。强调要统筹发展和安全，狠抓安全生产，坚决维护社会大局稳定，确保人民群众生命财产安全。

加强防灾减灾和应急体系建设

2021年10月，山西出现有气象记录以来最强秋汛，临汾市霍州市师庄乡冯南垣村是农房受损较为严重的村庄之一。2022年农历虎年春节来临之际，习近平总书记冒雪专程来到冯南垣村，看望慰问受灾群众。习近平总书记深情嘱托："我一直牵挂着灾区群众，今天到山西第一站就来到这里，是要实地看一看灾后恢复重建情况。看到村容村貌干净整洁，生产生活秩序得到恢复，重建修缮的房屋安全暖和，家家都在忙年，年货备得也很齐全，庄稼地里孕育着生机，我感到很欣慰。乡亲们在生产生活上还有什么困难，党和政府要继续帮助解决。要统筹灾后恢复重建和乡村振兴，加强流域综合治理，补齐防灾基础设施短板，提升防灾减灾救灾能力，带领人民群众用勤劳双手重建美好家园，用不懈奋斗创造幸福生活。"

三、山西增进民生福祉迈出新步伐

民之所望，政之所向。不断增进人民福祉，是我们取得发展奇迹的重要密码，也是奋进新征程的关键所在。为答好新时代民生考卷，山西省委始终坚持以人民为中心的根本立场，心中常思百姓疾苦，脑中常谋富民之策，一棒接着一棒跑，一件接着一件办，让老百姓底气更足、笑脸更多、生活品质更高，日子越过越红火。

促进更加充分更高质量就业

就业是最大的民生工程、民心工程、根基工程。2021年，全省城镇新增就业50.57万人，农村劳动力转移就业52.18万人，为历史最高。全省组织职业技能提升培训220.3万人，实现了数量倍增、质量提升，提前一年完成了"五年500万人"的培训任务。加快建设零

第五章 一枝一叶总关情

工市场、劳动力市场，运城市盐湖区搭建零工市场助力务工人员灵活就业受到国务院第八次大督查通报表扬。2022年上半年，全省城镇新增就业27.5万人，完成全年目标的61.1%；全省农村劳动力转移就业32.1万人，完成全年目标的97.4%。

促进更加充分更高质量就业，要坚持把稳就业保就业放在首位，完善公共就业服务体系，积极拓展新经济、新业态就业空间，优化创业扶持政策，开展职业技能培训，打造区域特色劳务品牌，培养更多高素质技术技能人才、能工巧匠、大国工匠，建设一支知识型、技能型、创新型劳动者大军，尤其要做好高校毕业生、农民工、退役军人、防返贫监测对象、城镇就业困难人员的精准帮扶工作，多渠道支持灵活就业。2022年高校毕业生历年最多、达1076万人，为做好高校毕业生就业工作，党和政府专门出台了工作方案，千方百计开拓市场化就业渠道，挖掘政策性岗位潜力，加快各类招考工作进度，支持创新创业带动就业，推动毕业生更加充分更高质量就业。

提高城乡居民收入水平

说一千、道一万，增加收入是关键。2021年，全省

提质进位 再谱新篇

·延伸阅读·

2022年山西将集中力量办成12件民生实事

◎ 实施职业技能提升培训工程，全年开展各类补贴性职业技能培训50万人以上
◎ 为怀孕妇女提供免费产前筛查与诊断服务
◎ 实施5万名疑似残疾人诊断评定和残疾儿童抢救性康复救助服务项目
◎ 开展免费法律咨询和特殊群体法律援助
◎ 实施"五个一批"群众文化惠民工程
◎ 实施城镇养老幸福工程
◎ 继续对既有住宅自愿加装电梯实施奖补
◎ 开展免费婚前医学检查
◎ 在人流密集公共场所配置800台自动体外除颤器
◎ 建设300个户外劳动者爱心驿站
◎ 实现农村寄递物流服务全覆盖
◎ 实施城区小学生"放心午餐"食品安全保障工程

居民人均可支配收入27426元，比上年增长8.8%。2022年上半年，全省居民人均可支配收入13395元，增长6.1%，增速快于全国1.4个百分点。其中，城镇居民人均可支配收入18588元，增长5.4%，快于全国1.8个百分点；农村居民人均可支配收入增速明显高于城镇，推进共同富裕成效显著。

提高城乡居民收入水平，要坚持居民收入增长和经济增长基本同步、劳动报酬提高和劳动生产率提高基本同步，多措并举拓展收入渠道，力争城乡居民收入增速超过全国平均水平。提升劳动者素质技能，增加工资性收入；鼓励创业带动就业，增加经营净收入；充分利用

城乡居民住房、农村土地、金融资产等途径,增加财产净收入;优化政策供给,增加转移净收入。完善按要素分配政策制度,健全工资合理增长机制,持续提高低收入群体收入,扩大中等收入群体。灵活运用三次分配制度优化财富分配格局,提高劳动报酬在初次分配中的比重,加大税收、社会保障、转移支付等再分配调节力度和精准性,发挥慈善等第三次分配作用,规范收入分配秩序,积极有为地促进共同富裕。

构建公平优质教育体系

教育决定着我们的今天,也决定着我们的未来。2021年,山西省教育普及率不断提升,在义务教育"双减"、职业教育"双高"、高等教育"双一流"等改革发展重点任务上成效显著。第一时间停止审批学科类培训机构,义务教育阶段学科类校外培训机构压减率达到100%。中小学"5+2"课后服务实现"全覆盖","放心午餐"工程惠及小学生6.72万名。"双一流"建设取得重大突破。斩获国家自然科学二等奖、国家科技进步二等奖各1项。多项创新平台建设实现突破,一批重大战略科研项目落地高校。

构建公平优质教育体系,必须坚持社会主义办学方向，加快推进教育现代化，办好人民满意的教育。要促进义务教育优质均衡发展，缩小城乡、区域、学校间教育水平差距。要增加学前教育供给，推动高中教育提质发展，办好特殊教育、继续教育、网络教育，支持和规范民办教育发展。要落实"双减"政策，全面规范校外培训行为。要实施职业院校"双高"计划，加快"双一流"高校建设步伐，完善服务全民终身学习的教育体系。要培养高素质教师队伍，倡导形成尊师重教的良好社会氛围。

民俗文化，美育"幼苗"。

推进健康山西建设

健康是幸福生活最重要的指标。2021年以来，山西围绕整体提升医疗服务能力水平，狠抓项目、筑牢基石、打造高峰，医疗卫生高质量发展态势日益显现。持续加强公共卫生体系建设，应对重大突发公共卫生事件的能力不断增强。3个国家区域医疗中心试点建设扎实推进，县域医疗卫生机构一体化改革持续深化。

推进健康山西建设，要树立大卫生、大健康理念，推动以治病为中心向以人民健康为中心转变，慎终如始做好新冠肺炎疫情常态化防控工作。要加强公共卫生体系建设，改革完善疾病预防控制体系，深入开展爱国卫生运动，提升应对突发公共卫生事件的能力。要推动公立医院高质量发展，深化县域医疗卫生一体化改革，广泛开展全民健身运动，构建居家社区机构相协调、医养康养相结合的养老服务体系。完善国家生育政策配套措施，促进人口长期均衡发展。

健全多层次社会保障体系

社保是民生之基。2021年，社会保险统筹层次和待遇水平进一步提升，城乡低保标准省级统筹每人每月提高20元，基本养老保险覆盖率超过95%，高于往年、高于预期、高于全国平均水平。城乡居民补充养老保险制度在全国率先实施。企业养老保险省级统筹全面规范实施运行，位居全国第一方阵。

健全多层次社会保障体系，要坚持兜底线、织密网、建机制，健全完善覆盖全民、统筹城乡、公平统一、可持续的多层次社会保障体系，完善社会保险管理体系和服务网络，实施低收入人口动态监测。要统筹完善社会救助、社会福利、优抚安置等制度，保障妇女儿童合法权益，健全老年人、残疾人、孤儿、农村留守儿童关爱服务体系，发展慈善事业，提升退役军人服务保障水平。同时建立健全租购并举的住房制度，加快发展保障性租赁住房，不断完善住房市场体系和住房保障体系。

打造共建共治共享的社会治理格局

一个现代化的社会，应该既充满活力又拥有良好秩序，呈现出活力和秩序有机统一。2021安全生产专项整治三年行动扎实开展，全省各类生产安全事故起数、死亡人数同比分别下降5.22%、9.34%；扫黑除恶专项斗争深得人心，基层社会治理水平进一步提升，社会保持和谐稳定、平安山西建设取得重要成效。

打造共建共治共享的社会治理格局,要坚持系统治理、依法治理、综合治理、源头治理和专项治理相结合,建设更高水平的平安山西。要更加注重统筹发展和安全,加强经济安全保障,坚持和发展新时代"枫桥经验",抓好市域社会治理现代化试点,加强和完善城乡社区治理,常态化开展扫黑除恶斗争,严格落实安全生产责任和管理制度,不断提升本质安全水平、防灾减灾救灾能力。

巩固拓展脱贫攻坚成果同乡村振兴有效衔接

小康不小康,关键看老乡。当前,山西区域性整体贫困得到解决,完成了消除绝对贫困的艰巨任务,脱贫攻坚取得全面胜利。2021年,山西坚持农业"特""优"发展,做实做强三大战略五大平台、做优做大十大集群,农业农村经济实现增长。全省第一产业增加值实现历史性突破,完成1286.87亿元,增长8.1%;十大产业集群完成产值1600亿元,增幅80%。

巩固拓展脱贫攻坚成果同乡村振兴有效衔接,全面实施乡村振兴战略,要加强对乡村振兴先行示范县、整体推进县、重点帮扶县的分类指导。持续深化农村改

提质进位 再谱新篇

运城市绛县境内中条山脉的梯田上,金灿灿的连翘花陆续绽放,与蜿蜒的沟壑、层层的梯田形成一幅美丽的画卷。

第五章 一枝一叶总关情

革,做好第二轮土地承包到期后再延长30年工作,稳慎推进宅基地制度改革试点,落实好土地出让收益优先支持乡村振兴的政策。坚持稳粮保粮,严守耕地红线,实施新一轮高标准农田建设工程,稳定粮食种植面积和产量,大力发展设施农业。要把发展现代农业作为实施乡村振兴战略的重中之重,着力推动农业特色转型,实现优质高效发展。

第六章

表里山河美如画

——唱响新时代山西好风光

提质进位　再谱新篇

大道不孤，四海一家；草木蔓发，春山可望。2022年1月24日，中共中央政治局就努力实现碳达峰碳中和目标进行第三十六次集体学习。习近平总书记指出，实现碳达峰碳中和，是贯彻新发展理念、构建新发展格局、推动高质量发展的内在要求，是党中央统筹国内国际两个大局作出的重大战略决策。

天地与我并生，而万物与我为一。人与自然是生命共同体，我国现代化是人与自然和谐共生的现代化。在"五位一体"总体布局中，生态文明建设是其中一位；在新时代坚持和发展中国特色社会主义的基本方略中，坚持人与自然和谐共生是其中一条；在新发展理念中，绿色是其中一项；在三大攻坚战中，污染防治是其中一战；在到本世纪中叶建成社会主义现代化强国目标中，美丽中国是其中一个。党的十八大以来，生态文明建设从认识到实践都发生了历史性、转折性、全局性的变化，绿水青山就是金山银山的理念成为全党全社会的共识和行动。

推动生态文明建设势在必行。山西坚持把绿色作为亮丽底色，以务实举措努力构筑高质量发展生态屏障。"人说山西好风光，地肥水美五谷香"的自然美景正在逐步重现，一幅新时代的绿色画卷正在美丽山西恢宏铺展。

第六章　表里山河美如画

一、习近平生态文明思想指引绿色发展

生态文明建设是关系中华民族永续发展的根本大计。党的十八大以来，习近平总书记站在新时代坚持和发展中国特色社会主义的战略高度，围绕生态文明建设提出一系列新理念新思想新战略，形成了习近平生态文明思想，指引我国生态文明建设发生历史性、转折性、全局性变化。

新时代生态文明建设的强大思想武器

党的十八大以来，习近平总书记站在战略和全局高度，继承和发展马克思主义关于人与自然关系的思想精华和理论品格，深刻把握新时代我国人与自然关系的新形势新矛盾新特征，在推进生态文明建设的实践中进行了深邃思考和战略擘画。习近平总书记在全国生态环境保护大会、长江经济带发展座谈会、黄河流域生态保护和高质量发展座谈会等重要会议上，在一系列重要指示批示中，在外出考察调研时，在主持中央政治局集体学习时，发表一系列重要讲话、提出一系列重要论断、作出一系列重要部署，深刻回答了"为什么建设生态文明、建设什么样的生态文明、怎样建设生态文明"的重

提质进位 再谱新篇

大理论和实践问题。

"建设生态文明,关系人民福祉,关乎民族未来"。习近平总书记强调,"生态文明是人类文明发展的历史趋势","生态文明这个旗帜必须高扬";"生态环境是关系党的使命宗旨的重大政治问题,也是关系民生的重大社会问题";"生态文明建设是新时代中国特色社会主义的一个重要特征。加强生态文明建设,是贯彻新发展理念、推动经济社会高质量发展的必然要求,也是人民群众追求高品质生活的共识和呼声"。

"坚持人与自然和谐共生"。习近平总书记强调,

太原市清徐县汾河湿地,斑尾塍鹬在进食。

"生态兴则文明兴，生态衰则文明衰"，"人与自然是生命共同体，人类必须敬畏自然、尊重自然、顺应自然、保护自然"；"当人类合理利用、友好保护自然时，自然的回报常常是慷慨的；当人类无序开发、粗暴掠夺自然时，自然的惩罚必然是无情的"；"像保护眼睛一样保护生态环境，像对待生命一样对待生态环境"。

"绿水青山就是金山银山"。习近平总书记强调，"人不负青山，青山定不负人。绿水青山既是自然财富，又是经济财富"；"保护生态环境就是保护生产力、改善生态环境就是发展生产力"，"在生态环境保护上一定要算大账、算长远账、算整体账、算综合账，不能因小失大、顾此失彼、寅吃卯粮、急功近利"；"新发展阶段对生态文明建设提出了更高要求，必须下大气力推动绿色发展，努力引领世界发展潮流"。

"良好生态环境是最普惠的民生福祉"。习近平总书记强调，"环境就是民生，青山就是美丽，蓝天也是幸福"；"良好生态环境是最公平的公共产品，是最普惠的民生福祉"；"持续打好蓝天、碧水、净土保卫战"，"让我们的祖国天更蓝、山更绿、水更清、生态环境更美好"。

"坚持山水林田湖草沙冰一体化保护和系统治

理"。习近平总书记强调,"生态是统一的自然系统,是相互依存、紧密联系的有机链条";"保护生态环境,不能头痛医头、脚痛医脚","要按照生态系统的内在规律,统筹考虑自然生态各要素,从而达到增强生态系统循环能力、维护生态平衡的目标"。

"用最严格制度最严密法治保护生态环境"。习近平总书记强调,"保护生态环境必须依靠制度、依靠法治";"我国生态环境保护中存在的突出问题大多同体制不健全、制度不严格、法治不严密、执行不到位、惩处不得力有关";"只有实行最严格的制度、最严密的法治,才能为生态文明建设提供可靠保障"。

"共谋全球生态文明建设"。习近平总书记强调,"建设绿色家园是人类的共同梦想","国际社会要以前所未有的雄心和行动,勇于担当,勠力同心,共同构建人与自然生命共同体";"中国愿同各国一道,共同建设美丽地球家园,共同构建人类命运共同体";"实现碳达峰碳中和是中国高质量发展的内在要求,也是中国对国际社会的庄严承诺。中国将践信守诺、坚定推进"。

生态文明建设发生历史性、转折性、全局性变化

党的十八大以来,以习近平同志为核心的党中央从

思想、法律、体制、组织、作风上全面发力，开展了一系列根本性、开创性、长远性工作，生态文明建设从认识到实践都发生了历史性、转折性、全局性的变化，美丽中国建设迈出坚实步伐，绿水青山就是金山银山的理念成为全党全社会的共识和行动。

战略地位得到显著提升。习近平总书记用"五个一"科学概括了生态文明建设在党和国家事业发展全局中的地位，即在"五位一体"总体布局中，生态文明建设是其中一位；在新时代坚持和发展中国特色社会主义的基本方略中，坚持人与自然和谐共生是其中一条；在新发展理念中，绿色是其中一项；在三大攻坚战中，污

长治市长子县精卫湖国家湿地公园

提质进位 再谱新篇

染防治是其中一战;在到本世纪中叶建成社会主义现代化强国目标中,美丽中国是其中一个。

系统谋划生态文明体制改革。相继出台《关于加快推进生态文明建设的意见》《生态文明体制改革总体方案》等数十项涉及生态文明建设的改革方案,生态文明"四梁八柱"性质的制度体系基本形成。建立中央生态环境保护督察制度并全面推开,成为推动各地区各部门落实生态环境保护责任的硬招实招。生态文明建设目标评价考核和责任追究、生态补偿、河湖长制、林长制、环境保护"党政同责""一岗双责"等改革举措全面实施。制定修订环境保护法等30多部生态环境领域相关法律和行政法规,覆盖各类环境要素的法律法规体系基本建立。

生态环境改善成效显著。蓝天白云、清水绿岸明显增多。与2015年相比,2021年全国地级及以上城市细颗粒物(PM2.5)平均浓度下降34.8%;全国地表水Ⅰ—Ⅲ类断面比例上升至84.9%,劣Ⅴ类水体比例下降至1.2%;全国受污染耕地安全利用率和污染地块安全利用率双双超过90%。全面禁止"洋垃圾"入境,实现固体废物"零进口"目标。森林

•**知识链接**•

首批国家公园:三江源国家公园、大熊猫国家公园、东北虎豹国家公园、海南热带雨林国家公园、武夷山国家公园

覆盖率达到23.04%。建成首批国家公园,自然保护地面积占全国陆域国土面积的18%。人民群众生态环境获得感显著增强。

绿色经济加快发展。2021年,我国高技术制造业增加值占规模以上工业增加值的比重为15.1%,节能环保等战略性新兴产业快速壮大并逐步成为支柱产业;我国清洁能源消费量占比上升到25.5%,光伏、风能装机容量、发电量均居世界首位。到"十三五"时期末,我国单位国内生产总值二氧化碳排放较2005年降低约48.4%,超额完成下降40%—45%的目标。

全球环境治理贡献更加彰显。推动《巴黎协定》达成、签署、生效和实施,宣布二氧化碳排放力争于2030年前达到峰值,努力争取2060年前实现碳中和,大力支持发展中国家能源绿色低碳发展,不再新建境外煤电项目,充分体现了负责任大国的担当。深入开展绿色"一带一路"建设,倡导建立"一带一路"绿色发展国际联盟和绿色"一带一路"大数据平台,帮助发展中国家提高环境治理水平。

建设人与自然和谐共生的现代化

"十四五"时期,我国生态文明建设进入了以降碳为重点战略方向、推动减污降碳协同增效、促进经济社会发展全面绿色转型、实现生态环境质量改善由量变到质变的关键时期。习近平总书记立足新发展阶段、锚定建设人与自然和谐共生的现代化新目标,从五个方面作出部署。

坚持不懈推动绿色低碳发展。习近平总书记强调,建立健全绿色低碳循环发展经济体系、促进经济社会发展全面绿色转型是解决我国生态环境问题的基础之策,并提出具体要求:一是把实现减污降碳协同增效作为促进经济社会发展全面绿色转型的总抓手,加快推动产业结构、能源结构、交通运输结构、用地结构调整;二是强化国土空间规划和用途管控,划定并严守生态保护红线;三是抓住资源利用这个源头,全面提高资源利用效率;四是抓住产业结构调整这个关键,推动能源清洁低碳安全高效利用,持续降低碳排放强度;五是解决好推进绿色低碳发展的科技支撑不足问题,支持绿色低碳技术创新成果转化;六是发展绿色金融,支持绿色技术创新。习近平总书记鲜明强调,实现碳达峰碳中和绝不是轻轻松松就能实现的,要求各级党委和政府拿出抓铁有痕、踏石留印的劲头,明确时间表、路线图、施工图,推动经济社会发展建立在资源高效利用和绿色低碳发展的基础之上。

深入打好污染防治攻坚战。 随着对高品质生活的期待更加强烈，人民群众对生态环境质量的期望值更高，对生态环境问题的容忍度更低。习近平总书记强调，要集中攻克老百姓身边的突出生态环境问题，让老百姓实实在在感受到生态环境质量改善，并提出六方面要求：一是坚持精准治污、科学治污、依法治污，持续打好蓝天、碧水、净土保卫战；二是强化多污染物协同控制和区域协同治理，基本消除重污染天气；三是统筹水资源、水环境、水生态治理；四是推进土壤污染防治，有效管控农用地和建设用地土壤污染风险；五是实施垃圾分类和减量化、资源化；六是推动污染治理向乡镇、农村延伸，明显改善农村人居环境。

提升生态系统质量和稳定性。 这既是增加优质生态产品供给的必然要求，也是减缓和适应气候变化带来不利影响的重要手段。习近平总书记从六个方面作出部署：一是坚持系统观念，推进山水林田湖草沙一体化保护和修复，更加注重综合治理、系统治理、源头治理；二是加快构建以国家公园为主体的自然保护地体系，完善自然保护地、生态保护红线监管制度；三是建立健全生态产品价值实现机制，让保护修复生态环境获得合理回报，让破坏生态环境付出相应代价；四是科学推进荒漠化、石漠化、水土流失综合治理，开展大规模国土绿化行动；五是推行草原森林河流湖泊休养生息，实施好长江十年禁渔，健全耕地休耕轮作制度；六是实施生物多样性保护重大工程，强化外来物种管控。

积极推动全球可持续发展。保护生态环境、应对气候变化，是全人类面临的共同挑战。习近平总书记提出三方面要求：一是积极参与全球环境治理，为全球提供更多公共产品；二是发挥发展中大国的引领作用，加强南南合作以及同周边国家的合作，共同打造绿色"一带一路"；三是坚持共同但有区别的责任原则、公平原则和各自能力原则，坚定维护多边主义，坚决维护我国发展利益。

提高生态环境领域国家治理体系和治理能力现代化水平。生态环境治理体系和治理能力现代化是加强生态文明建设的重要保障。习近平总书记提出五项要求：一是健全党委领导、政府主导、企业主体、社会组织和公众共同参与的现代环境治理体系，构建一体谋划、一体部署、一体推进、一体考核的制度机制；二是深入推进生态文明体制改革，强化绿色发展法律和政策保障，健全自然资源资产产权制度和法律法规；三是完善环境保护、节能减排约束性指标管理，建立健全稳定的财政资金投入机制；四是全面实行排污许可制，推进排污权、用能权、用水权、碳排放权市场化交易，建立健全风险管控机制；五是大力宣传绿色文明，倡导简约适度、绿色低碳的生活方式。

二、用绿色扮靓三晋大地

一曲《人说山西好风光》，使三晋大地的表里山河、秀美风光蜚声中外、令人神往。但山西地处黄土高原，生态脆弱，加之一度发展方式粗放，留下了生态破坏、环境污染的累累伤痕。山西生态文明之路究竟该怎么走？习近平总书记对山西生态文明建设作出重要指示，为山西实现生态高质量发展提供了根本遵循，指明了前进方向。

积极稳妥推动实现碳达峰碳中和目标

2022年1月，习近平总书记在山西考察调研时，听取山西省能源革命综合改革试点和企业推进煤炭清洁高效利用等工作介绍，对碳达峰碳中和作出重要指示，指出推进碳达峰碳中和，不是别人让我们做，而是我们自己必须要做，但这不是轻轻松松就能实现的，等不得，也急不得。必须尊重客观规律，把握步骤节奏，先立后破、稳中求进，要积极稳妥推动实现碳达峰碳中和目标，为实现第二个百年奋斗目标、推动构建人类命运共同体作出应有贡献，并强调要敬畏历史、敬畏文化、敬畏生态。

扎实实施黄河流域生态保护和高质量发展

山西是华北水塔，京津冀的水源涵养地，是"三北"防护林的重要组成部分，是拱卫京津冀和黄河生态安全的重要屏障。要扎实实施黄河流域生态保护和高质量发展国家战略，加快制度创新，强化制度执行，引导形成绿色生产生活方式，坚决打赢污染防治攻坚战，推动山西沿黄地区在保护中开发、开发中保护。

汾河，黄河第二大支流，是山西的母亲河，在太原市区有9条主要支流，曾经"泛楼船兮济汾河，横中流兮扬素波"。2017年6月，习近平总书记在山西视察时就强调，一定要高度重视汾河的生态环境保护，让这条山西的母亲河水量丰起来、水质好起来、风光美起来。要求山西从转变经济发展方式、环境污染综合治理、自然生态保护修复、资源节约集约利用、完善生态文明制度体系等方面采取超常举措,全方位、全地域、全过程开展生态环境保护。

2020年5月,习近平总书记在山西视察时,听取太原市汾河及"九河"综合治理、流域生态修复等情况汇报,沿河岸边步行察看汾河水治理及两岸生态保护、城市环境建设等情况,强调治理汾河,不仅关系山西生态环境保护和经济发展,也关系太原乃至山西历史文化传承。指出要切实保护好、治理好汾河,再现古晋阳汾河晚渡的美景,让一泓清水入黄河。

山水林田湖草沙一体化保护和修复

自然界是一个错综复杂而又和谐统一的综合体,有自己的"节拍",不能急功近利地搞运动式整治,也不能毫无章法地搞工程式整治,而应怀着敬畏之心,按照生态系统的演变规律,做好生态环境保护这篇"大文章"。山水林田湖草沙是不可分割的生态系统,决不能头痛医头、脚痛医脚。2020年5月,习近平总书记在山西视察时指出,要牢固树立绿水青山就是金山银山的理念,发扬"右玉精神",统筹推进山水林田湖草系统治理,抓好"两山七河一流域"生态修复治理。

提质进位　再谱新篇

一体推进治山、治水、治气、治城

2020年5月，习近平总书记在山西视察时，来到汾河太原城区晋阳桥段，对太原汾河沿岸生态环境的沧桑巨变表示欣慰，强调要把加强流域生态环境保护与推进能源革命、推行绿色生产生活方式、推动经济转型发展统筹起来，坚持治山、治水、治气、治城一体推进，持续用力，再现"锦绣太原城"的盛景，不断增强太原的吸引力、影响力，增强太原人民的获得感、幸福感、安全感。

三、厚植高质量发展生态底色

表里山河，得之天成，享之不觉，失之难复。探索以生态优先、绿色发展为导向的高质量发展新路子，是时代所需，更是民生所指。厚植高质量发展的生态底色，需要下非常之力、用恒久之功。近年来，山西以习近平生态文明思想为指导，坚持绿水青山就是金山银山的理念，坚定不移推进生态文明建设，交出了绿色转型发展的"山西答卷"。

山西坚持以生态省建设试点为牵引，实行最严格的生态环境保护制度,坚决打赢打好污染防治攻坚战和生态文明建设持久战,不断满足人民群众日益增长的优美生态环境需要,坚定扛起保护黄河千秋大计、筑牢京津冀生态屏障、建设山西美丽家园重大政治责任和历史责任。

有序实施碳达峰山西行动

随着碳达峰碳中和纳入生态文明建设整体布局,我国进入以降碳为重点战略方向、推动减污降碳协同增效、促进经济社会发展全面绿色转型的关键时期。山西

汾河治理三期工程与汾河百公里中游示范区交汇处

作为国家资源型经济转型综合配套改革试验区和能源革命综合改革试点省，统筹能源安全保障和资源型地区绿色转型发展的任务更加艰巨。正确处理能源消费与经济发展的关系，落实好能耗双控约束性要求，是山西转型发展的重大战略问题。

山西落实国家碳达峰碳中和"1+N"政策体系各项任务，有序实施碳达峰山西行动，构建山西省碳达峰碳中和"1+X"政策体系，为全国实现碳达峰碳中和目标作出山西贡献。成功举办2021年太原能源低碳发展论坛，在太原发出了绿色低碳发展的全球声音。2022年全国"两会"期间，山西代表团提交全团建议，提出争做由传统能源大省向新型综合能源大省的转型示范。

下一步，山西将科学合理设定指标，推进减污降碳协同增效，促进产业生态化和生态产业化同步提速。坚持把提高能效作为降低能耗的主攻方向，着力降低单位产出能源资源消耗和碳排放。倡导绿色消费，增加绿色产品和服务供给，推动衣食住行用游全过程绿色升级。推行城市生活垃圾分类和减量化处理、资源化利用，在全社会倡导简约适度、绿色低碳的生活方式。

第六章 表里山河美如画

扎实推进"两山七河一流域"生态修复治理

山西坚持"省级规划、市县主体,政府主导、市场运作"基本原则,推进"五水综改",开展"七河""五湖"治理、岩溶大泉保护、水土流失治理,涵养水源等项目,2021年完成576万亩水土流失治理面积。重点推进汾河干流生态治理工程18项,治理河长197公里。年均向汾河引调黄河水4亿立方米,推动汾河谷地地下水位持续回升,晋祠泉水位距泉口仅剩1.56米。持续将全省90%的林草项目向"两山"地区的81个县倾斜,已经初步建成区域防护林体系,2021年完成营造林519.58万亩,超额完成500万亩目标任务,全省草原综合植被盖度达到73%,高于全国平均水平16.9个百分点。全国"十三五"防沙治沙目标责任考核等级进入"第一方阵"。启动实施太原市汾河上游国土绿化项目,绿色发展空间进一步拓展。

推进黄河流域生态保护,提升黄河生态系统质量。紧紧抓住流经县这个突破口,宜林则林、宜农则农、宜工则工、宜游则游,积极探索差异化、特色化的发展模式。紧紧抓住流域区这个主战场,统筹流域不同空间单元的承载力和适宜性,推动城镇空间、农业空间、生

提质进位　再谱新篇

态空间协调发展。紧紧抓住全省域这个共同体，整体谋划、统筹推进各项任务，履行好保障国家能源安全、护卫华北水塔、筑牢京津冀绿色生态屏障的政治责任。

下一步，山西要协调人与自然关系，统筹山水林田湖草沙一体化保护修复，提升生态系统质量和稳定性。深入抓好丘陵沟壑区水土流失综合治理，持续开展国土绿化行动，筑牢太行山、吕梁山绿色生态屏障，森林覆盖率5年要再提高2.5个百分点。推进采煤沉陷区和

盐湖上飞鸟成群。

矿山生态修复治理,加强生物多样性保护,加快构建以国家公园为主体的自然保护地体系。深入实施汾河等七河及湖泊、大泉、湿地生态保护修复,统筹推进全省特别是黄河流域堤防建设、水库除险加固、河道整治、滩区治理等重大工程。严格"四水四定",深化"五水综改",完善水网建设,加强地下水超采治理,做好山西的水文章。

坚决打好污染防治攻坚战

山西突出打好污染防治主动仗、下好环境整治先手棋,打好蓝天、碧水、净土保卫战。扎实推进环境污染综合治理,2021年开展工业企业超低排放改造46家,完成清洁取暖改造99.31万户,"散乱污"企业实现动态清零。PM2.5年均浓度降至38.55微克/立方米,首次进入"30+",同比下降15.2%;重污染天数比例降至0.5%,首次进入千分位,向基本消除重污染天气迈出坚实一步;SO_2年均浓度降至15微克/立方米,连续4年保持20%以上的改善幅度,11市NO_2年均浓度首次全面达标;优良天数比例达到72.1%,同比增加1.1个百分点,再创新高。全省地表水国考断面水质优良比例达到72.3%,同比增加2.1个百分点,创历史最好水平,劣

Ⅴ类断面比例超额完成国家下达的目标任务，汾河流域国考断面提升至Ⅳ类以上。

下一步，山西将强化多污染物协同控制和区域协同治理，加快推动城市建成区及周边污染企业有序退出，加大重点领域、重点行业污染治理力度，基本消除重污染天气，实现"蓝天常驻"。实施水污染综合治理工程，完善流域协同防治机制，强化农村生活污水治理，全面消除县级及以上城市建成区黑臭水体，实现"绿水长清"。控制农业面源污染，推进化肥农药减量化、畜禽粪污资源化，强化受污染耕地和建设用地安全利用，加快国家大宗固废综合利用基地建设，重视新污染物治理，实现"黄土复净"。

加快健全生态文明制度体系

山西深化生态文明制度改革，完善生态文明治理体系，实施林长、河长、湖长"三长"五级组织体系全面见效。2021年以来，出台《山西省"十四五""两山七河一流域"生态保护和生态文明建设、生态经济发展规划》《山西省黄河流域生态保护和高质量发展规划》《山西省固体废物污染环境防治条例》《关于印发山西省黄河流域国考断面水质稳定达标管理办法（试行）的通知》《关于严格落实生态环境保护责任的决定》《山西省汾河保护条例》等重要文件。

下一步,我们将完善党委领导、政府主导、企业主体、社会组织和公众共同参与的生态文明治理体系,争创国家生态文明试验区,努力闯出一条北方生态脆弱地区绿色发展新路子。强化国土空间规划和用途管控,全面落实"三区三线""三线一单"。完善资源总量管理、科学配置、全面节约、循环利用制度体系。健全生态产品价值实现机制,推行排污权、用能权、用水权、碳排放权市场化交易。探索GEEP核算体系,完善绿色发展法律和政策保障。强化系统监管和全过程监管,坚决打击破坏生态环境的违法犯罪行为。

第七章

风清气正树清廉

——推进全面从严治党向纵深发展

提质进位　再谱新篇

星汉灿烂，北斗指航；沧海横流，砥柱巍然。2021年7月1日，庆祝中国共产党成立100周年大会在北京天安门广场隆重举行。这在中国共产党历史上，在中华民族历史上，都是一个十分重大而庄严的日子。习近平总书记指出，以史为鉴、开创未来，必须不断推进党的建设新的伟大工程。

党的十八大以来，以习近平同志为核心的党中央，坚持完善党和国家监督制度，以伟大自我革命引领伟大社会革命，坚持不懈把全面从严治党向纵深推进。经过坚决斗争，全面从严治党的政治引领和政治保障作用充分发挥，党的自我净化、自我完善、自我革新、自我提高能力显著增强。

山西牢记习近平总书记教导，坚持党的全面领导，更加深刻认识"两个确立"的决定性意义，增强"四个意识"、坚定"四个自信"、做到"两个维护"，深入贯彻新时代党的建设总要求，坚持严的主基调不动摇，全面建设清廉山西，推动政治生态迈向持久的风清气正，筑牢高质量发展的根本保证。

第七章 风清气正树清廉

一、以伟大自我革命引领伟大社会革命

六合同风，九州共贯。党的十九届六中全会审议通过《中共中央关于党的百年奋斗重大成就和历史经验的决议》，明确全面从严治党的战略方针，提出新时代党的建设总要求，全面推进党的政治建设、思想建设、组织建设、作风建设、纪律建设，把制度建设贯穿其中，深入推进反腐败斗争，落实管党治党政治责任，以伟大自我革命引领伟大社会革命。

中国共产党是最高政治领导力量

中国共产党是中国特色社会主义事业的领导核心，处在总揽全局、协调各方的地位。党是领导一切的，党是最高的政治领导力量。党的领导不是抽象的、空洞的，必须通过党的领导制度体系来实现，熔铸于中国特色社会主义制度体系中。

党的领导是中国特色社会主义最本质的特征。中国共产党的领导地位是由党的性质决定的，是历史和人民的选择。在近代以来风云变幻的历史大潮中，中国共产党脱颖而出，团结带领中国人民，书写了中华民族几千年历史上最恢宏的史诗。习近平总书记指出，中国共

提质进位 再谱新篇

产党领导是中国特色社会主义最本质的特征、是中国特色社会主义制度的最大优势，党是最高政治领导力量。这一重大政治论断，进一步丰富和发展了马克思主义建党学说，深化了对坚持和发展中国特色社会主义的规律性认识，在科学把握党的领导和社会主义基本关系上达到了新的高度。党的十九大将"中国共产党的领导是中国特色社会主义最本质的特征，是中国特色社会主义制度的最大优势"写入党章总纲。"中国共产党领导是中国特色社会主义最本质的特征"于2018年被写入宪法。

党的领导是全面领导。党政军民学，东西南北中，党是领导一切的。习近平总书记指出，在国家治理体系的大棋局中，党中央是坐镇中军帐的"帅"，车马炮各展其长，一盘棋大局分明。坚持党对一切工作的领导，在新时代坚持和发展中国特色社会主义基本方略中处于首要，在我国国家治理体系中位居统领，是党和国家的根本所在、命脉所在，是全国各族人民的利益所在、幸福所在。党作为最高政治领导力量，党的领导必须是整体的、全面的，体现在经济建设、政治建设、文化建设、社会建设、生态文明建设各个领域，体现在党和国家工作的各个方面、各个环节，体现在国家政权的机

第七章　风清气正树清廉

构、体制、制度等治国理政方方面面的设计、安排、运行之中，确保党的领导全覆盖，确保党的领导始终坚强有力。

坚持和完善党的领导制度体系。坚持中国共产党的坚强领导，是通过党的领导制度来保证实施的。习近平总书记强调，党的领导制度是我国的根本领导制度。健全的领导制度体系对于保证党的领导活动的正常进行，发挥党的领导机关和领导者的作用，发挥党的各级组织和广大党员的积极性主动性创造性，保证党和国家事业的健康发展，具有十分重要的作用。党的领导制度是一

数据来源：《中国共产党党内统计公报》（中共中央组织部2022年6月30日发布）

个系统完备、内涵丰富的体系，主要涵盖了六个方面的制度。第一，建立不忘初心、牢记使命的制度。第二，完善坚定维护党中央权威和集中统一领导的各项制度。第三，健全党的全面领导制度。第四，健全为人民执政、靠人民执政各项制度。第五，健全提高党的执政能力和领导水平制度。第六，完善全面从严治党制度。

推进党的建设新的伟大工程要一以贯之

坚持党的全面领导，必须不断推进党的建设新的伟大工程。要适应时代发展需要，弘扬"坚持真理、坚守理想，践行初心、担当使命，不怕牺牲、英勇斗争，对党忠诚、不负人民"的伟大建党精神，增强全面从严治党永远在路上的政治自觉，着力提高管党治党水平，着力增强党的抵御风险能力，确保党在新时代坚持和发展中国特色社会主义的历史进程中始终成为坚强领导核心。

新时代党的建设面临新的形势。党的十八大以来，以习近平同志为核心的党中央勇于面对党面临的重大风险考验和党内存在的突出问题，坚定不移加强党的建设，卓有成效推进全面从严治党，党的创造力凝聚力战斗力显著增强，党的团结统一更加巩固，党在革命性锻造中焕发出新的强大生机活力。新时代全面从严治党

第七章　风清气正树清廉

取得显著成效的同时，也要清醒认识到党面临的执政考验、改革开放考验、市场经济考验、外部环境考验依然是长期的和复杂的，党面临的精神懈怠危险、能力不足危险、脱离群众危险、消极腐败危险依然是尖锐的和严峻的。

新时代党的建设总要求。在统揽"四个伟大"进程中，起决定性作用的是党的建设新的伟大工程。党的十九大提出了新时代党的建设总要求。第一，坚持和加强党的全面领导，这是新时代党的建设根本原则，是党的建设的根本出发点和落脚点。第二，坚持党要管党、全面从严治党，这是新时代党的建设根本方针。第三，加强党的执政能力建设、先进性和纯洁性建设是党的建设的永恒主题。第四，以党的政治建设为统领，全面推进党的政治建设、思想建设、组织建设、作风建设、纪律建设，把制度建设贯穿其中，深入推进反腐败斗争，这是新时代党的建设总体布局。第五，不断提高党的建设质量，把党建设成为始终走在时代前列、人民衷心拥护、勇于自我革命、经得起各种风浪考验、朝气蓬勃的马克思主义执政党，这是新时代党的建设总目标。

推动全面从严治党向纵深发展。治国必先治党，治党务必从严。党的十八大以来，以习近平同志为核心的

提质进位　再谱新篇

党中央以刀刃向内的勇气向党内顽瘴痼疾开刀,以雷霆万钧之势推进全面从严治党,以钉钉子精神把管党治党要求落实落细,取得了历史性、开创性成就,探索出依靠党的自我革命跳出历史周期率的成功路径。指出全面从严治党是党永葆生机活力、走好新的赶考之路的必由之路。新时代党的建设新的伟大工程,要以政治建设为统领,全面推进党的政治建设、思想建设、组织建设、作风建设、纪律建设,把制度建设贯穿其中,全面打赢反腐败斗争攻坚战、持久战。

山西图书大厦内,读者正在阅读《百年大党面对面——理论热点面对面·2022》。

第七章　风清气正树清廉

・政策学习・

《关于加强新时代廉洁文化建设的意见》

2022年1月，中共中央办公厅印发了《关于加强新时代廉洁文化建设的意见》。《意见》指出，要夯实清正廉洁思想根基，强化理论武装，增强政治定力抵腐定力；坚定信仰信念信心，筑牢拒腐防变思想防线；发展积极健康党内政治文化，引领廉洁文化建设。要厚植廉洁奉公文化基础，用革命文化淬炼公而忘私、甘于奉献的高尚品格，用社会主义先进文化培育为政清廉、秉公用权的文化土壤，用中华优秀传统文化涵养克己奉公、清廉自守的精神境界。要培养廉洁自律道德操守，引导领导干部明大德、守公德、严私德，把廉洁要求贯穿日常教育管理监督之中，把家风建设作为领导干部作风建设重要内容。要发挥廉洁教育基础作用，强化形势教育、纪法意识、警示震慑、示范引领。要弘扬崇廉拒腐社会风尚，运用新媒体新技术传播廉洁文化，丰富廉洁文化优质产品和服务供给，拓展利用廉洁文化资源。

全面从严治党，既要靠治标，猛药去疴，重典治乱；也要靠治本，正心修身，涵养文化，守住为政之本。必须站在勇于自我革命、保持党的先进性和纯洁性的高度，把加强廉洁文化建设作为一体推进不敢腐、不能腐、不想腐的基础性工程抓紧抓实抓好，为推进全面从严治党向纵深发展提供重要支撑。

以党的自我革命引领伟大社会革命

君子检身，常若有过。勇于自我革命，是马克思主义政党的政治品格，是中国共产党永葆先进性纯洁性的奥秘所在。正是通过不断的自我革命，中国共产党才能经受各种风险考验，始终保持生机和活力，才能在革命、建设、改革各个历史时期始终作为坚强领导核心，团结带领全国各族人民进行伟大社会革命，创造一个又一个彪炳史册的人间奇迹。

习近平总书记强调，中国共产党的伟大不在于不犯

提质进位　再谱新篇

·延伸阅读·

甲申对、窑洞对、赶考对

在党的历史上，有过3次传为美谈的著名对话，甲申对、窑洞对、赶考对，其要旨就是告诫全党"不当李自成"，"跳出历史周期率"。

——甲申对是指抗日战争时期毛泽东同志与郭沫若的笔谈。1944年3月，郭沫若撰写的阐释明朝和大顺政权灭亡教训的文章《甲申三百年祭》，在重庆《新华日报》发表。在延安的毛泽东同志看后表示赞赏，告诫全党同志要引为鉴戒，不要重犯胜利时骄傲的错误。同年11月，毛泽东同志致信郭沫若，"你的《甲申三百年祭》，我们把它当作整风文件看待"，"你看到了什么错误缺点，希望随时示知"。

——窑洞对是指毛泽东同志与民主人士黄炎培的一次著名会谈。1945年7月，黄炎培来到延安有感而发，希望中国共产党找出一条新路，跳出历史周期率的支配。毛泽东同志说，我们已经找到新路，我们能跳出这周期率。这条新路，就是民主。只有让人民来监督政府，政府才不敢松懈。只有人人起来负责，才不会人亡政息。

——赶考对是指毛泽东同志与周恩来同志进北平前的一段对话。1949年3月23日，中共中央从西柏坡起程前往北平时，毛泽东同志说："今天是进京的日子，进京赶考去。"周恩来同志笑着回答："我们应当都能考试及格，不要退回来。"毛泽东同志说："退回来就失败了。我们决不当李自成，我们都希望考个好成绩。"

错误，而在于从不讳疾忌医，敢于直面问题，勇于自我革命，具有极强的自我修复能力。自我革命能力既是我们党区别于世界上其他政党的显著标志，也是我们党长盛不衰的重要原因所在。中国共产党始终代表最广大人民根本利益，因而才能做到不谋私利，才有资格、有底气直面问题、自我革命。党的十八大以来，我们党提出全面从严治党，以敢于刀刃向内的勇气向党内顽瘴痼疾开刀,以一抓到底的钉钉子精神把管党治党要求落实落细,都贯穿着强烈的自我革命精神,体现了我们党自我革命的决心和意志。党的自我革命任重而道远,决不能有停一停、歇一歇的想法。

伟大社会革命是党的自我革命的目的,党的自我革命本身并不是目的,其直接目的在于使我们党自身必须始终过硬,最终目的在于通过自我革命推动伟大社会革命,使我们党始终走在时代前列,始终成为时代先锋、民族脊梁。党的十八大以来,以习近平同志为核心的党中央统揽伟大斗争、伟大工程、伟大事业、伟大梦想,以伟大自我革命引领伟大社会革命成为新时代中国特色社会主义伟大实践的显著特点。党中央坚持党要管党、全面从严治党,以刮骨疗毒的勇气向党内顽瘴痼疾开刀,以坚如磐石的意志正风肃纪反腐,为统筹推进"五位一体"总体布局和协调推进"四个全面"战略布局提供有力保证,推动党和国家事业取得历史性成就、发生历史性变革。

二、锚定全面建设清廉山西的重大目标

习近平总书记在山西视察期间,明确要求严肃党内

提质进位　再谱新篇

政治生活、坚持不懈抓好党内政治生态建设，实现政治生态持久的风清气正。全省上下牢记领袖殷殷嘱托，全面落实新时代党的建设总要求，以政治建设为统领，推进全面从严治党，构建良好政治生态。

国家监察体制改革试点

深化国家监察体制改革是以习近平同志为核心的党中央作出的重大决策部署，是事关全局的重大政治体制改革。2016年11月，中共中央办公厅印发《关于在北京市、山西省、浙江省开展国家监察体制改革试点

山西利用平遥古察院独特、稀缺的文化资源优势，建成中国（平遥）监察文化博物馆，大力传承和弘扬中国传统优秀监察文化。

方案》，部署在3省市设立各级监察委员会，从体制机制、制度建设上先行先试、探索实践。

2017年6月，习近平总书记在山西视察时，十分关心山西作为国家监察体制改革试点工作推进情况，指出山西在国家监察体制改革试点上下了很大功夫，制度优势正在转化为治理效能，要运用好这一改革成果。

山西认真落实"既完善党的自我监督，又加强对国家机器监督"的要求，在实现党内监督全覆盖的同时，建立国家监察机构，实现对所有行使公权力的公职人员监察全覆盖，真正把公权力关进制度笼子，体现了党内监督与国家监察内在一致、高度互补。山西的成功实践为进一步做好改革及试点工作坚定了信心决心，为国家监察体制改革在全国推开积累经验。

党内政治生态建设

2017年6月，习近平总书记在山西视察时，作出山西政治生态已经由"乱"转"治"的重大论断，指出全面从严治党永远在路上，要坚持标本兼治，推动管党治党向纵深发展，要求各级党委着力把严肃党内政治生活的成果转化为促进党的事业发展的持续动力，把广大党员干部的精气神引导到改革发展上来。2020年5月，

提质进位 再谱新篇

习近平总书记在山西视察时指出,要坚持以政治建设为统领,坚持不懈抓好党内政治生态建设,加强理想信念教育,巩固深化"不忘初心、牢记使命"主题教育成果,严格遵守政治纪律和政治规矩,落实全面从严治党主体责任,一体推进不敢腐、不能腐、不想腐,增强基层党组织政治功能和组织力,坚决反对形式主义、官僚主义,旗帜鲜明同各种不正之风作斗争。

增强"两个维护"的自觉性和坚定性。 把"两个维护"作为最高政治原则和根本政治规矩,融入党的政治建设、思想建设、组织建设、作风建设、纪律建设,始终同以习近平同志为核心的党中央保持高度一致。引导干部群众把"两个确立"作为最深刻的政治领悟、最牢固的政治信念、最重要的实践要求,不断提高政治判断力、政治领悟力、政治执行力。对贯彻落实习近平总书记重要指示批示和党中央重大决策部署作出全面部署,出台实施方案,确保条条落实、件件落地、事事见效。

树立起鲜明的选人用人导向,狠抓干部队伍建设。 在推动改革、攻坚克难、化解矛盾的实践中培养干部、考察干部、识别干部,让敢担当、善作为的干部得到奖励,让那些不作为、不会为的干部受到惩戒,为勇于负责的干部负责、为勇于担当的干部担当、为敢抓敢管的

第七章　风清气正树清廉

 ·历史故事·

羊续悬鱼

东汉羊续为南阳郡太守时,有位郡丞从羊续随从口中得知,羊续没别的爱好,就爱吃鱼,便特地让人打捞了一条名贵的大鱼亲自送来。羊续十分为难,如果不收,就扫了郡丞的面子;如果收下,又怕其他官员效仿。于是,他灵机一动,将鱼收下后,既没吃也没送人,而是将鱼"悬于庭"。那位郡丞不久后又送鱼来,羊续便指着庭院中的鱼说:"你上次送的,我还没吃完,怎好再收?"郡丞一听,明白了羊续的用意,惭愧地走了。南阳境内其他官员和富豪看到鲜鱼变成干鱼,仍然挂在庭院中,都十分震惊,从此再也没人敢送礼了。羊续悬鱼拒礼,成了古代官员廉洁的榜样,因此后世有"前庭悬鱼""羊续悬鱼"等成语传世。明朝名臣于谦有感于羊续的廉洁,曾赋诗曰:"喜剩门前无贺客,绝胜厨传有悬鱼。清风一枕南窗卧,闲阅床头几卷书。"羊续悬鱼的故事深刻影响和教育着一代又一代中国人时刻谨记廉洁自律、清白做人。

西厅被逐

唐朝的刘仁轨,在任给事中时,因弹劾中书令李义府,被贬为青州刺史,唐高宗即位后将他召回京城重用,途中在莱州官驿住宿,被安置于西厅。夜深时,出巡御史也来住宿。驿人说:"西厅更好一些,不过已有一位刺史住在那里了。"御史二话不说,便命令刘仁轨挪到东厅。回京城后,刘仁轨升任为御史大夫。那位御史正好是他的属下,为此深感不安。刘仁轨便安慰说:"你怎么这么瘦?难道是为以前的事感到不安吗?"刘仁轨又对众御史说:"你们外出巡视,应该审明滞留未申的冤案,多听多看,多行仁义,不要烦扰州县而显示自己手握大权。"他指着行列中的御史说:"就像你们中的某人,夜里到了驿馆,驿馆的东厅和西厅有什么区别?你非要把我移到东厅,这难道符合忠恕之道吗?希望你们不要再做这样的事情了。"后来,唐玄宗申明御史出巡法令,违者论罪。

干部撑腰,让党员干部在高质量发展的火热实践中实现了两袖清风、事业有成。

持续构建风清气正的政治生态。一体推进"三不腐"同时发力、同向发力、综合发力,持续深化党风廉政建设和反腐败斗争，不敢腐的震慑持续强化，不能腐的笼子越扎越牢，不想腐的堤坝正在构筑。全省各级领导干部对照检视、深刻反思，去污除垢、净化心灵，坚决清除腐败滋生蔓延的思想土壤。始终保持"赶考"的清醒，始终保持对"腐蚀""围猎"的警觉，始终保持严的氛围、惩的力度。

全面建设清廉山西

廉洁从政、秉公用权，是中国共产党的光荣传统和优良作风。山西省第十二次党代表大会鲜明提出"全面建设清廉山西"的重大目标，中共山西省委印发《关于全面建设清廉山西的行动方案》，这是更加深刻认识"两个确立"的决定性意义，增强"四个意识"、坚定"四个自信"、做到"两个维护"的具体行动，是深入贯彻落实新时代党的建设总要求和党中央关于管党治党决策部署、推进全面从严治党向纵深发展的战略举措。必须把各种清廉要素融入全方位推动高质量发展全过程各方面，努力取得更多制度性成果和更大治理成效，全力打造政治清明、政府清廉、干部清正、文化清和、社会清朗的优良政治生态和发展环境。

着力构建管党治党责任落实体系。坚持把学懂弄通

第七章　风清气正树清廉

做实习近平新时代中国特色社会主义思想作为首要政治任务，筑牢清正为官、廉洁从政的思想根基。把"两个维护"作为最高政治原则和根本政治规矩，融入党的政治建设、思想建设、组织建设、作风建设、纪律建设，始终同以习近平同志为核心的党中央保持高度一致。坚定政治信仰，加强政治监督，严明政治纪律，推动全省广大党员干部不断提高政治判断力、政治领悟力、政治执行力。严明党的政治纪律和政治规矩，引导广大党员干部增强组织观念、纪律意识，坚决力行"四个服从"，警惕"七个有之"，做到"五个必须"。

着力构建权力运行制约体系。完善"三重一大"决策制度及监督机制，形成决策科学、执行坚决、监督有力的权力运行机制。推动全链条优化审批、全过程公正监管、全周期提升服务，加快打造市场化法治化国际化营商环境。加强规范权力的立规立法工作，完善全省面向基层一线、科学有效的地方党内法规制度。加强地方立法，聚焦制度化、规范化、程序化要求，统筹好立法资源与立法需求、立法效率与立法质量，及时做好法规立改废释工作。加强公共资金、资产、资源监管。实施财政项目全生命周期预算管理、加强重点资金监管。制定构建亲清政商关系的指导性意见，建立政商交往正、负面清单。加强政企工作联系、搭建多元政企沟通交流平台，健全党政机关与企业的意见征询、政策反馈、精准帮扶等机制。

着力构建干部管理监督体系。树牢"四论四不唯""三让三不让"用人导向，严把选人用人政治关、品行关、能力关、作风关、廉洁关，严格落实"凡提四必"，防止干部"带病提拔""带病上岗"。严肃查处跑官要官、买官卖官、拉票贿选等行为。加强对"一把手"和领导班子的监督，推动班子成员严格自律、严负其责、严管所辖。从严从实教育管理监督年轻干部，扣好年轻干部廉洁从政的"第一粒扣子"。持续深化金融、国企、政法、能源、粮食、开发区等领域反腐败斗争，深入推进民生领域腐败和作风问题集中整治，把惩治腐败、防范风险、推动整改、促进改革、优化治理、严肃教育贯通起来，一体推进"三不腐"同时发力、同向发力、综合发力，锲而不舍纠"四风"树新风，引导干部树立正确政绩观。

· 知识链接 ·

"四论四不唯"：论票不唯票、论分不唯分、论GDP不唯GDP、论年龄不唯年龄。

"三让三不让"：让想干事、肯干事的人干成事，让能干事、干成事的人有地位，让不干事、捣乱事的人没市场；不让政绩突出的人吃亏，不让埋头苦干的人寒心，不让投机取巧、做表面文章的人占便宜。

着力构建廉洁文化培育体系。深化党的光荣传统和优良作风教育,传承伟大建党精神,弘扬忠诚老实、光明坦荡、公道正派、实事求是、艰苦奋斗、清正廉洁等正确从政价值观。统筹推进"四史"宣传教育,推动理想信念教育常态化制度化。把德政教育贯穿党内政治生活、干部教育培训中,引导领导干部明大德、守公德、严私德。用好用足用活山西革命文化资源、山西优秀传统文化资源、山西党风廉政建设和反腐败斗争制度成果和实践成果,以全面从严治党新成效丰富发展廉洁文化。广泛开展廉洁文化活动,充分发挥革命英雄、建设楷模和时代先锋的示范引领作用。加强廉洁文化研究创作,丰富廉洁文化优质产品和服务供给。发挥于成龙、裴氏家训等廉吏廉政文化资源优势,打造一批具有山西特色的廉政教育基地。拓展廉洁文化传播平台,运用各类新媒体新技术广泛宣传廉洁文化。

着力构建清廉单元创建体系。抓好清廉机关、清廉企业、清廉学校、清廉医院、清廉村居五大创建活动,示范带动清廉山西建设取得实效。通过创建清廉机关,推动各级党政机关及所属事业单位在加强党的政治建设、纪律建设和严肃党内政治生活上做表率,根治群众反映强烈的"机关病"。通过创建清廉企业,引导企业依法经营、规范经营、廉洁经营,强化企业廉洁风险防控。通过创建清廉学校,纠治师德失范、学术不端、违规招生、违规补课等不正之风,推动形成廉洁文明的校园风尚。通过创建清廉医院,完善现代医院治理体系,引导医务人员清廉从医。通过创建清廉村居,健全村居集体资金、资产、资源监督管理机制,提升基层治理能力。

党史学习教育取得显著成效

在"两个一百年"奋斗目标历史交汇的关键节点,重温百年奋斗恢宏史诗,凝聚强大奋进力量,开创新的历史辉煌,意义十分重大。

高标准开展党史学习教育,强化政治自觉。 在党中央坚强领导下,山西省委以上率下、示范带动,各级党委(党组)紧紧跟上、抓实抓细,各级党组织按照学史明理、学史增信、学史崇德、学史力行的要求,坚持聚焦主题、紧扣主线,坚持把握节点、梯次推进。广大党员、干部受到了一次广泛而深刻的历史自信、理论自觉、政治意识、性质宗旨、革命精神、时代责任教育,达到了学党史、悟思想、办实事、开新局的目的。

**坚持以人民为中心的发展思想,精准对接群众需

第七章　风清气正树清廉

求。习近平总书记强调，学史力行是党史学习教育的落脚点，要把学史明理、学史增信、学史崇德的成果转化为改造主观世界和客观世界的实际行动。党史学习教育开展以来，山西各地持续开展"我为群众办实事"实践活动，深入开展"用党史、践初心、兴老区"行动，真正把党史学习教

·特别关注

致敬百年芳华 汲取前行力量

山西省展览馆内，观者如潮。正在这里举办的"不忘初心、牢记使命——山西省庆祝中国共产党成立100周年图片展"，通过780余张图片、图表，带领观展人群一起重温了中国共产党领导山西人民走过的波澜壮阔的百年奋斗历程，引发了强烈反响。大家在一张张珍贵的历史影像前驻足、沉思，在一组组精确的数据图表前感叹、交流，纷纷表示深受震撼、深为感动，今后要从历史中汲取前行的智慧和力量，坚定信仰、接续奋斗。

"不忘初心、牢记使命——山西省庆祝中国共产党成立100周年图片展"自开展以来，吸引了一批批观众。

提质进位　再谱新篇

太原市阳曲县店子底村，小朋友们正在参观革命教育基地，接受红色教育的洗礼，感悟革命先辈不畏艰难险阻、不惧枪林弹雨、不惜牺牲生命、勇于奉献的精神。

育转化为为民服务的务实举措。

健全完善党史学习教育长效机制，持之以恒学党史。学好党史、用好党史，不是一阵子的事，而是一辈子的事。要保持恒心韧劲，贯彻落实党中央《关于推动党史学习教育常态化长效化的意见》，持续把党史学习教育成果巩固好、拓展好。要始终把党的政治建设摆在首位，把学习贯彻习近平新时代中国特色社会主义思想作为首要政治任务，把学习"四史"作为必修课常修课，把人民放在心中最高位置，把增强历史主动作为崇高品格，把严的主基调坚持下去，把党史学习教育长期开展下去。

三、以党的建设引领高质量发展行稳致远

办好中国的事情，关键在党。山西深入贯彻新时代党的建设总要求，坚持严的主基调不动摇，持之以恒正风肃纪反腐，推动全面建设清廉山西，引领保障高质量发展行稳致远。

自觉做到"两个维护"

坚持把党的政治建设摆在首位，胸怀"两个大局"、心怀"国之大者"，更加深刻认识"两个确立"的决定性意义，增强"四个意识"、坚定"四个自信"、做到"两个维护"。深入贯彻落实习近平总书记考察调研山西重要指示精神，完善贯彻落实习近平总书记重要批示指示工作机制，做精做准做实政治监督，确保党中央决策部署在山西落地生根。严明党的政治纪律和政治规矩，牢记"五个必须"，杜绝"七个有之"，坚决同一切错误言行作斗争，始终做政治上的明白人、老实人。

提质进位　再谱新篇

深化思想理论武装

坚持把学习贯彻习近平新时代中国特色社会主义思想作为首要政治任务，落实好"第一议题"制度，全面系统学、深入思考学、及时跟进学、联系实际学，学思用贯通、知信行合一，不断提高全省党员干部的理论素养、政治素养、精神境界和解决实际问题的能力。巩固拓展"不忘初心、牢记使命"主题教育成果，着力推进党史学习教育常态化与长效化，从党的辉煌成就、艰辛历程、历史经验、优良传统中深刻领悟中国共产党为什么能、马克思主义为什么行、中国特色社会主义为什么好，学史明理、学史增信、学史崇德、学史力行，进一步坚定信仰信念信心。

在全党全社会喜迎党的二十大胜利召开之际，《习近平谈治国理政》第四卷以中英文出版，面向海内外发行。《习近平谈治国理政》第四卷收入了习近平总书记在2020年2月3日至2022年5月10日期间的讲话、谈话、演讲、致辞、指示、贺信等109篇，分为21个专题。为了便于读者阅读，编辑时作了必要注释。该书还收入习近平总书记2020年1月以来的图片45幅。《习近平谈治国理政》第四卷生动记录了以习近平同志为核心的党

第七章 风清气正树清廉

读者正在书店阅读新上架的《习近平谈治国理政》第四卷。

中央,面对百年变局和世纪疫情相互叠加的复杂局面,面对世所罕见、史所罕见的风险挑战,统筹国内国际两个大局,统筹疫情防控和经济社会发展,统筹发展和安全,团结带领全党全国各族人民在中华大地上全面建成小康社会、开启全面建设社会主义现代化国家新征程的伟大实践,集中展现了马克思主义中国化时代化的最新成果,充分体现了我们党对构建人类命运共同体、共建美好世界的最新贡献,是全面系统反映习近平新时代中国特色社会主义思想开辟新境界、实现新飞跃的权威著作。

《习近平谈治国理政》第四卷的出版发行,对于推动广大党员、干部和群众深入学习贯彻习近平新时代中国特色社会主义思想,深刻领悟"两个确立"的决定性意义,增强"四个意识"、坚定"四个自信"、做到"两个维护",在新时代新征程上团结奋斗、勇毅前行,以统一思想和实际行动迎接党的二十大胜利召开,对于帮助国际社会及时了解这一重要思想的最新发展,加深对中国之路、中国之治、中国之理的认识,具有重要意义。

打造一支过硬干部队伍

坚持新时代好干部标准,进一步树立正确选人用人导向,坚持德才兼备、以德为先,不唯票、不唯分、不唯GDP、不唯年龄,让愿担当肯干事的人有平台、让敢担当会干事的人有舞台、让能担当善成事的人有奖台,决不让老实人吃亏、决不让担当者失落、决不让奉献者心寒。完善培养选拔优秀年轻干部常态化长效化机制,统筹使用好各年龄段干部、女干部、党外干部。认真做好离退休干部工作。坚持严管和厚爱结合、激励与约束并重,落实"三个区分开来"要求,旗帜鲜明为改革者鼓劲、为实干者撑腰、为负责者负责。坚持好干部是选出来的、更是管出来的,完善从严管理制度体系。实施

第七章　风清气正树清廉

干部专业化能力提升计划，推动党员干部加强理论学习、完善知识体系、强化实践历练，锻造推动高质量发展的宽肩膀、铁肩膀。

大力培养引进用好人才

山西坚持把人才工作摆在更加突出的位置，落实党管人才原则，抛出"橄榄枝"，让每一位人才都感受到山西满满的真心诚意；种下"梧桐树"，让每一位人才都能在山西找到适合的事业平台；搭好"英雄台"，让每一位人才都能够人尽其用、尽展其才；当好"后勤部"，让每一位人才都能够享受到全链条的精准服务；打好"温情牌"，让每一位人才都能够感受到"家的温暖"，让尊才爱才用才在三晋大地蔚然成风。深化人才发展体制机制改革，根据需要和实际向用人主体充分授权，积极为人才松绑，建立以创新价值、能力、贡献为导向的人才评价体系。深化省校合作，建设"12大基地"，提升转型综改区、开发区、产业园区等作用，打造创新人才集聚平台。实实在在帮助解决子女上学、家属就业等问题，让人才进得来、留得住。统筹推进各方面人才队伍建设，着力培养使用战略科学家、科技领军人才和创新团队、卓越工程师、哲学社会科学人才等各领域人才，为全省高质量发展提供坚实人才支撑。

加强基层组织建设

深入推进抓党建促乡村振兴，突出抓基层、强基础、固基本，把资源、服务、管理下沉基层、做实基层，实施农村"带头人"队伍优化提升、村级集体经济壮大提质"两个行动"，用乡镇（街道）事业编招聘大学生到村（社区）工作，坚持和完善向重点乡村选派驻村第一书记和工作队制度，实施新时代基层干部主题培训计划。深化街道管理体制改革，加强党建引领网格管理，推进党群服务中心体系功能建设，提升社区工作者职业化水平，健全驻区单位党组织、在职党员到社区报到为群众服务长效机制。统筹抓好国企、机关、事业单位党建工作，做好发展党员和党员教育、管理、监督、服务工作，努力把每个基层党组织都建成坚强的战斗堡垒。

2022年3月，全省抓党建促基层治理能力提升动员暨培训会议召开。省委确定2022年为"基层治理能力提升年"，决定从3月至12月在全省开展抓党建促基层治理能力提升专项行动，强调要坚持党建引领，进一步夯实基层基础工作，打通城乡治理"最后一公里"，全面提升山西省基层治理体系和治理能力现代化水平。

全面深化党风廉政建设反腐败斗争

坚持一体推进"三不腐"方针方略，不断增强治理腐败效能。加大惩治腐败力度，聚焦重点领域和"关键少数"，重点查处政治问题和经济问题交织的腐败案件，严肃查处国有企业、地方金融、能源资源、政法系统、供销系统等领域腐败问题，严肃查处粮食购销、开发区、公共资源交易、工程建设中的腐败问题，严肃查处"雅贿""影子股东"等隐性腐败、新型腐败行为，持续整治群众身边腐败和不正之风。加大重点领域不能腐制度建设和监督机制改革力度，推动正风肃纪反腐与深化改革、完善制度、促进治理相贯通，有针对性地补齐制度短板。加强党内政治文化建设，开展理想信念、党纪国法和案例警示教育，让党员干部知敬畏、存戒惧、守底线。锲而不舍落实中央八项规定精神，健全纠"四风"、树新风并举的长效机制，巩固拓展基层减负工作成果。发挥党内监督的政治引领作用，促进各类监督贯通融合，突出加强对"一把手"和领导班子的监督。贯彻中央巡视工作方针，深化政治巡视，推进十二届省委巡视全覆盖，推动巡视巡察上下联动、左右衔接、一体贯通。

后 记

习近平总书记指出,要不断推出群众喜闻乐见、贴近大众生活的形式多样的理论宣传作品,让理论为亿万人民所了解所接受,画出最大的思想同心圆。讲人民群众听得懂、听得进的话语,让党的创新理论"飞入寻常百姓家"。

凡贵通者,贵其能用之也。省委宣传部组织编撰《山西全方位推动高质量发展面对面》通俗理论读物系列丛书,是学习贯彻习近平总书记考察调研山西重要指示精神,推动党的创新理论普及化、大众化,帮助广大干部群众深入领会省委"全方位推动高质量发展"目标要求、准确把握我省"六个领域""三个体系"工作矩阵的重要举措。

丛书编撰工作得到省委书记林武同志的关心支持,并列入2022年全省宣传思想工作要点,作为宣传思想工作矩阵的重要内容。省委宣传部组织我省理论功底深、政策水平高、文字能力强的党政干部及专家学者,组成撰稿团队,全力以赴、倾情付出。各市委宣传部积极响应、认真落实。山西日报社、山西广播电视台等单位为丛书编写提供相关资料。山西人民出版社尽锐出战、集中攻关。各单位各部门密切配合、通力协作，展现了宣传思想文化战线在全方位推动高质量发展中的使命担当。

丛书于2021年12月开始策划，撰稿团队持续跟进学习最新政策、及时关注研究鲜活实践，提纲几经修改、书稿反复打磨，九易其稿、精益求精。其间，克服疫情影响，分头撰写和集体统稿相结合、视频会议和集中研讨相结合，保证撰稿任务按计划高质量推进。基本成稿后，还邀请省委统战部、省委政研室、省直工委、省生态环境厅、省委党校、省社科院、省社科联等单位领导干部和专家学者对丛书进行审读，提出修改意见。经过不懈努力、日夜奋战，6册书稿于2022年7月1日、党的101周年华诞基本定稿。其后，经进一步修改完善，得以顺利付梓。

我们对省委"全方位推动高质量发展"目标要求和工作矩阵的学习贯彻还在不断深化中，有些论述还未能在丛书中深入展开。全省广大干部群众全方位推动高质量发展的壮阔实践还在不断推进中，丛书选取的资料也还不够全面。这些不足之处，敬请广大读者批评指正。我们将在今后的通俗理论读物编写工作中继续探索，不断提高。

丛书编委会

2022年7月